人力资源和社会保障部职业
全国计算机信息

会计软件应用（用友软件系列）

用友U8
职业技能培训教程

（中　级）

全国计算机信息高新技术考试　编写
教材编写委员会

北京希望电子出版社
Beijing Hope Electronic Press
www.bhp.com.cn

内容简介

由人力资源和社会保障部职业技能鉴定中心在全国统一组织实施的全国计算机信息高新技术考试是面向广大社会劳动者举办的计算机职业技能考试，考试采用国际通行的专项职业技能鉴定方式，测定应试者的计算机应用操作能力，以适应社会发展和科技进步的需要。

本书是全国计算机信息高新技术考试会计软件应用模块（用友软件系列）用友 U8 中级的配套教材，由全国计算机信息高新技术考试教材编写委员会组织编写。全书共分 8 章，主要内容为系统管理、基础档案设置、总账初始化设置、总账日常业务处理、总账期末处理、利用报表模板生成报表、报表格式定义和报表数据处理。

本书是参加会计软件应用（用友软件系列）用友 U8 中级考试考生的必备教材，可供考评员和培训教师在组织培训时使用，还可供广大读者学习用友会计软件应用知识、自测用友会计软件应用操作技能时使用，也可作为普通高等院校、中等专业学校、技工学校、职业高中及社会培训机构进行用友软件应用技能培训与测评的首选教材。

为方便考生练习，将在北京希望电子出版社公众号和北京希望电子出版社网站（www.bhp.com.cn）上提供本书各单元样题的素材文件、最终文件及操作视频等内容。

需要本书或技术支持的读者，请与北京市海淀区中关村大街 22 号中科大厦 A 座 10 层（邮编：100190）发行部联系，电话：010-82620818（总机），传真：010-62543892，E-mail：bhpjc@bhp.com.cn。体验高新技术考试教材及其网络服务，请访问 www.bhp.com.cn 或 www.citt.org.cn 网站。

图书在版编目（CIP）数据

会计软件应用（用友软件系列）用友 U8 职业技能培训教程：中级 / 全国计算机信息高新技术考试教材编写委员会编写. —北京：北京希望电子出版社，2018.10

ISBN 978-7-83002-360-7

Ⅰ. ①会… Ⅱ. ①全… Ⅲ. ①财务软件－职业培训－教材 Ⅳ. ①F232

中国版本图书馆 CIP 数据核字(2018)第 214914 号

出版：北京希望电子出版社	封面：张 洁
地址：北京市海淀区中关村大街 22 号	编辑：全 卫
中科大厦 A 座 10 层	校对：石文涛
邮编：100190	开本：787mm×1092mm　1/16
网址：www.bhp.com.cn	印张：9.75
电话：010-82620818（总机）转发行部	字数：231 千字
010-82626237（邮购）	印刷：北京市密东印刷有限公司
传真：010-62543892	
经销：各地新华书店	版次：2018 年 11 月 1 版 1 次印刷

定价：37.80 元

国家职业技能鉴定专家委员会
计算机专业委员会名单

主 任 委 员：路甬祥

副主任委员：张亚男　周明陶

委　　　员：（按姓氏笔画排序）

丁建民	王　林	王　鹏	尤晋元	石　峰
冯登国	刘　旸	刘永澎	孙武钢	杨守君
李　华	李一凡	李京申	李建刚	李明树
求伯君	肖　睿	何新华	张训军	陈　钟
陈　禹	陈　敏	陈　蕾	陈孟锋	季　平
金志农	金茂忠	郑人杰	胡昆山	赵宏利
赵曙秋	钟玉琢	姚春生	袁莉娅	顾　明
徐广懋	高　文	高晓红	唐　群	唐韶华
桑桂玉	葛恒双	谢小庆	雷　毅	

秘 书 长：赵伯雄

副秘书长：刘永澎　陈　彤　何文莉　陈　敏

全国计算机信息高新技术考试
教材编写委员会

顾　　　问：陈　宇　陈李翔
主 任 委 员：刘　康　张亚男　周明陶
副主任委员：袁　芳　张晓卫
委　　　员：（按姓氏笔画排序）

丁文花　马　进　王新玲　石文涛　叶　毅
皮阳文　朱厚峰　刘　敏　许　戈　李文昊
肖松岭　何新华　邹炳辉　张训军　张发海
张灵芝　张忠将　陈　捷　陈　敏　赵　红
倪建达　徐建华　阎雪涛　温兆晔　雷　波

本书执笔人：王新玲　王贺雯　苏秀花

全国计算机信息高新技术考试简介

全国计算机信息高新技术考试是根据原劳动部发〔1996〕19号《关于开展计算机信息高新技术培训考核工作的通知》文件，由人力资源和社会保障部职业技能鉴定中心统一组织的计算机及信息技术领域新职业国家考试。

全国计算机信息高新技术考试面向各类院校学生和社会劳动者，重点测评考生掌握计算机各类实际应用技能的水平，其考试内容主要是计算机信息应用技术。考试采用了一种新型的、国际通用的专项职业技能鉴定方式，根据计算机信息技术在不同应用领域的特征划分模块和平台，各模块按不同平台、不同等级分别进行考试。考生可根据实际需要选取考试模块，也可根据职业和工作的需要选取若干相应模块进行组合而形成综合能力。

目前共出版了15个模块，46个系列，67个软件版本。

序号	模块	模块名称	编号	平台
1	00	初级操作员 办公软件应用	001	Windows/Office（初级操作员）
			002	Windows 平台（MS Office）（中、高级）
			003	Windows 平台（WPS）（中级）
2	01	数据库应用	012	Visual FoxPro 平台（中级）
			013	SQL Server 平台（中级）
			014	Access 平台（中级）
3	02	计算机辅助设计	021	AutoCAD 平台（中、高级）
			022	Protel 平台（中级）
4	03	图形图像处理	032	Photoshop 平台（中、高级）
			034	3D Studio MAX 平台（中、高级）
			035	CorelDRAW 平台（中、高级）
			036	Illustrator 平台（中级）
5	04	专业排版	042	PageMaker 平台（中级）
			043	Word 平台（中级）
6	05	因特网应用	052	Internet Explorer 平台（中级）
			053	ASP 平台（高级）
			054	电子政务（中级）
7	06	计算机中文速记	061	双文速记平台（初、中、高级）
8	07	微型计算机安装调试与维修	071	IBM-PC 兼容机（中级）
9	08	局域网管理	081	Windows NT/2000 平台（中、高级）
			083	信息安全（高级）
10	09	多媒体软件制作	091	Director 平台（中级）
			092	Authorware 平台（中、高级）

续表

序号	模块	模块名称	编号	平台
11	10	应用程序设计编制	101	Visual Basic 平台（中级）
			102	Visual C++平台（中级）
			103	Delphi 平台（中级）
			104	Visual C#平台（中级）
12	11	会计软件应用	111	用友软件系列（中、高级）
			112	金蝶软件系列（中级）
13	12	网页制作	121	Dreamweaver 平台（中级）
			122	Fireworks 平台（中级）
			123	Flash 平台（中级）
			124	FrontPage 平台（中级）
			125	Adobe/Macromedia 平台（中、高级）
14	13	视频编辑	131	Premiere 平台（中级）
			132	After Effects 平台（中级）
15	19	大数据分析	192	投资分析（初、中、高级）

全国计算机信息高新技术考试密切结合计算机技术迅速发展的实际情况，根据软、硬件发展的特点来设计考试内容、考核标准及方法，尽量采用优秀国产软件，采用标准化考试方法，重在考核计算机软件的操作能力，侧重专门软件的应用，培养具有熟练的计算机相关软件操作能力的劳动者。在考试管理上，采用随培随考的方法，不搞全国统一时间的考试，以适应考生需要；向社会公开考题和答案，不搞猜题战术，以求公平并提高学习效率。

人力资源和社会保障部职业技能鉴定中心根据"统一标准、统一命题、统一考务管理、统一考评员资格、统一培训考核机构条件标准、统一颁发证书"的原则进行质量管理。每一个考试模块都制定了相应的鉴定标准、考试大纲并出版了配套的培训教材，各地区进行培训和考试都执行国家统一的鉴定标准和考试大纲，并使用统一教材，以避免"因人而异"的随意性，使证书获得者的水平具有等价性。

全国计算机信息高新技术考试面对广大计算机技术应用者，致力于普及和推广计算机应用技术，提高应用人员的操作技术水平和高新技术装备的使用效率，为高新技术应用人员提供一个应用能力与水平的标准证明，以促进就业和人才流动。

详情请访问全国计算机信息高新技术考试教材服务网（www.citt.org.cn），或是拨打咨询电话（010-82626210、010-82620818）进行咨询。

出 版 说 明

全国计算机信息高新技术考试是根据原劳动部发〔1996〕19号《关于开展计算机信息高新技术培训考核工作的通知》文件，由人力资源和社会保障部职业技能鉴定中心统一组织的计算机及信息技术领域新职业国家考试。

根据职业技能鉴定要求和劳动力市场化管理的需要，职业技能鉴定必须做到操作直观、项目明确、能力确定、水平相当且可操作性强。因此，全国计算机信息高新技术考试采用了一种新型的、国际通用的专项职业技能鉴定方式，根据计算机信息技术在不同应用领域的特征划分模块和平台，各模块按不同平台、不同等级分别进行考试。考生可根据自己工作岗位的需要，选择考试模块和参加培训。

全国计算机信息高新技术考试特别强调规范性，人力资源和社会保障部职业技能鉴定中心根据"统一标准、统一命题、统一考务管理、统一考评员资格、统一培训考核机构条件标准、统一颁发证书"的原则进行质量管理。每一个考试模块都制定了相应的鉴定标准、考试大纲并出版了配套的培训教材，各地区进行培训和考试都执行国家统一的鉴定标准和考试大纲，并使用统一教材，以避免"因人而异"的随意性，使证书获得者的水平具有等价性。

本书是全国计算机信息高新技术考试会计软件应用模块（用友软件系列）用友 U8 中级配套教材，由全国计算机信息高新技术考试教材编写委员会组织编写。全书共分 8 章，主要内容为系统管理、基础档案设置、总账初始化设置、总账日常业务处理、总账期末处理、利用报表模板生成报表、报表格式定义和报表数据处理。

本书是参加会计软件应用（用友软件系列）用友 U8 中级考试考生的必备教材，可供考评员和培训教师在组织培训时使用，还可供广大读者学习用友会计软件应用知识、自测用友会计软件应用操作技能时使用，也可作为普通高等院校、中等专业学校、技工学校、职业高中及社会培训机构进行用友软件应用技能培训与测评的首选教材。

参与本书编写工作的有王新玲、苏秀花、房琳琳、王贺雯、张冰冰、王腾、吕志明、宋郁、彭飞、王晨等。

本书的不足之处敬请批评指正。

目 录

第1章 系统管理 1	第3章 总账初始化设置 59

1.1 样题示范 2
1.2 基本认知 3
   1.2.1 系统管理的主要功能 3
   1.2.2 系统管理的应用流程 4
1.3 技能解析 5
   1.3.1 登录系统管理 5
   1.3.2 增加用户 7
   1.3.3 建立企业核算账套 9
   1.3.4 系统启用 13
   1.3.5 设置用户权限 13
   1.3.6 账套输出 14
1.4 样题解答 15

第2章 基础档案设置 29

2.1 样题示范 30
2.2 基本认知 32
   2.2.1 认识企业应用平台 32
   2.2.2 基础档案设置注意事项 34
2.3 技能解析 35
   2.3.1 机构人员 35
   2.3.2 客商信息 37
   2.3.3 财务 38
   2.3.4 收付结算 43
   2.3.5 其它 44
2.4 样题解答 45

3.1 样题示范 60
3.2 基本认知 60
   3.2.1 总账系统的基本功能 60
   3.2.2 总账初始化的意义 64
3.3 技能解析 64
   3.3.1 设置总账选项 64
   3.3.2 录入期初数据 69
3.4 样题解答 70

第4章 总账日常业务处理 75

4.1 样题示范 75
4.2 基本认知 77
   4.2.1 总账日常业务处理的工作
        流程 77
   4.2.2 总账日常业务处理的主要
        内容 77
4.3 技能解析 83
   4.3.1 填制凭证 83
   4.3.2 审核凭证 84
   4.3.3 记账 85
4.4 样题解答 85

第5章 总账期末处理 95

5.1 样题示范 95

5.2 基本认知 96
    5.2.1 总账期末处理的工作流程 96
    5.2.2 总账期末处理的主要内容 97
5.3 技能解析 98
    5.3.1 自定义转账凭证 98
    5.3.2 生成自定义凭证 100
    5.3.3 对自定义凭证进行审核记账 101
5.4 样题解答 101

第6章 利用报表模板生成报表 109

6.1 样题示范 110
6.2 基本认知 110
    6.2.1 报表模板的作用 110
    6.2.2 利用报表模板生成报表的
         步骤 111
6.3 技能解析 111
    6.3.1 调用报表模板 111
    6.3.2 录入关键字 112
6.4 样题解答 112

第7章 报表格式定义 117

7.1 样题示范 118

7.2 基本认知 119
    7.2.1 UFO报表基本功能 119
    7.2.2 报表编制的工作流程 121
    7.2.3 报表格式设计 121
7.3 技能解析 125
    7.3.1 单元类型 125
    7.3.2 关键字 125
    7.3.3 报表公式设置 126
7.4 样题示范 128

第8章 报表数据处理 137

8.1 样题示范 137
8.2 基本认知 138
    8.2.1 表页管理 138
    8.2.2 数据计算 139
    8.2.3 报表审核 140
    8.2.4 舍位平衡 141
    8.2.5 图形处理 141
    8.2.6 报表输出 142
8.3 技能解析 142
    8.3.1 格式状态与数据状态 142
    8.3.2 生成报表 142
8.4 样题示范 143

第1章　系统管理

随着计算机技术、网络通信及管理软件的日益成熟，企业信息化得到迅速普及，越来越多的企业通过选购商品化管理软件来管理企业日常业务，提高了工作效率和管理水平。会计信息化是企业信息化的重要组成部分，会计信息化是指企业利用计算机、网络通信等现代信息技术手段开展会计核算，以及利用上述技术手段将会计核算与其他经营管理活动有机结合的过程。本教程将以用友U8 V10.1（以下简称用友U8）为蓝本介绍企业会计信息化的核心应用，主要包括用友U8中的系统管理、企业应用平台、总账、UFO报表四个部分。本章所介绍的系统管理是企业会计信息化的起点。

本章主要内容
- 理解系统管理的作用
- 用户管理
- 企业建账
- 权限管理
- 账套输出及引入

评分细则

本章分值为12分，设5个评分点，评分点、分值、得分条件及判分要求如下表所示。

序号	评分点	分值	得分条件	判分要求
1	登录系统管理	2	正确登录U8系统管理	登录U8系统管理正确
2	增加用户	2	正确增加用户	操作员编码、名称、口令、所属角色正确
3	建立账套	4	正确建立账套	账套信息全部正确
4	设置用户权限	2	正确设置用户权限	用户与账套及权限对应
5	输出账套	2	正确输出账套	输出的账套及位置正确

本章导读

综上所述，我们明确了本章所要求掌握的技能考核点以及对应《会计软件应用（用友软件系列）用友U8试题汇编（中级）》（以下简称《试题汇编》）单元的评分点、分值、得分条件和判分要求等。本章结构及逻辑框架为：
- 样题示范：展示《试题汇编》中的一道真题。
- 基本认知：概括介绍本章考核内容对应的U8子系统的主要功能。
- 技能解析：详细讲解本章中涉及到的技能考核点和相关知识点。
- 样题解答：给出真题的详细操作指导。

1.1 样题示范

【练习目的】

从《试题汇编》中选取样题，了解本章题目类型，掌握本章重点技能点。

【样题来源】

《试题汇编》第1单元1.1题（随书光盘中提供了本样题的操作视频）。

【操作要求】

在考生文件夹下新建一个文件夹，命名为X1_01。

1. 登录系统管理

以系统管理员admin（密码为空）的身份登录用友U8系统管理。

2. 增加用户

增加以下用户。

编号	姓名	口令	所属角色
1011	王欣东	011	账套主管
1012	张华	012	无

3. 建立账套

新建空白账套，账套主要信息如下，其他采用系统默认设置。

（1）账套信息

账套号：101

账套名称：ufida101

启用会计期：2017年1月

（2）单位信息

单位名称：通达机械设备公司

单位简称：通达

（3）核算类型

本币代码：RMB

本币名称：人民币

企业类型：工业

行业性质：2007年新会计制度科目

账套主管：王欣东

按行业性质预置科目：是

（4）基础信息

存货是否分类：是

客户是否分类：是

供应商是否分类：否

有无外币核算：有

（5）编码方案

科目编码级次：　　　　4 2 2

部门编码级次：　　　　1 2

结算方式编码级次：　　1 2

（6）数据精度

全部采用默认值。

（7）系统启用

启用总账系统，启用日期为"2017-01-01"。

4．设置用户权限

设置用户张华拥有101账套"公用目录设置"和"总账"的操作权限。

5．输出账套

将101账套输出至"考生文件夹\X1_01"文件夹中。

1.2　基本认知

系统管理是用友U8中一个特殊的模块，如图1-1所示。如同建造高楼大厦要预先打牢地基一样，系统管理模块的作用是对整个系统的公共任务进行统一管理，用友U8中任何其他模块的运行都必须以此为基础。

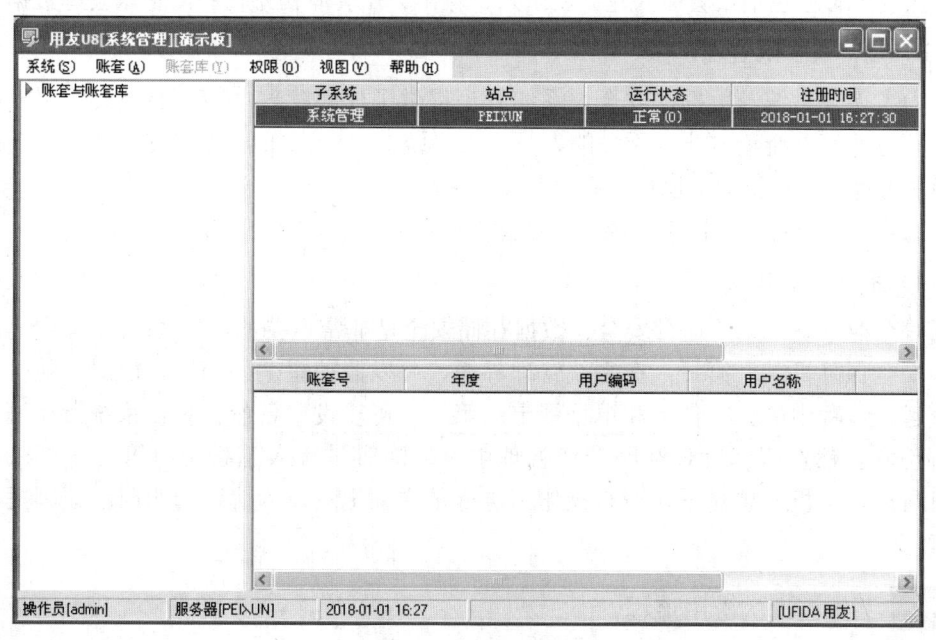

图1-1　系统管理

1.2.1　系统管理的主要功能

系统管理的主要功能包括以下几个方面。

1. 账套管理

账套是一组相互关联的数据。每一个独立核算的企业都有一套完整的账簿体系，把这样一套完整的账簿体系建立在计算机系统中就是一个账套。每一个企业也可以为其每一个独立核算的下级单位建立一个核算账套。换句话讲，在用友U8中，可以为多个企业（或企业内多个独立核算的部门）分别立账，且各账套数据之间相互独立、互不影响，从而使资源得到充分的利用，系统最多允许建立999个企业账套。

账套管理功能一般包括建立账套、修改账套、删除账套、引入/输出账套等。

2. 账套库管理

账套库和账套是两个不同的概念。账套是账套库的上一级，账套是由一个或多个账套库组成的。一个账套对应一个经营实体或核算单位，账套中的某个账套库对应这个经营实体的某年度区间内的业务数据。例如，通达机械建立"101账套"并于2017年启用，然后在2018年初建2018的账套库，则"101通达机械"账套中有两个账套库即"101通达机械2017年"和"101通达机械2018年"。如果连续使用，也可以不建新库，直接录入2018年数据，则"101通达机械"账套中就只有一个账套库，即"101通达机械2017~2018年"。

设置账套和账套库两层结构的方式好处是：第一，便于企业的管理，如进行账套的上报、跨年度区间的数据管理结构调整等；第二，方便数据备份输出和引入；第三，减少数据的负担，提高使用效率。

账套库管理包括账套库的建立、引入、输出、账套库初始化和清空账套库数据。

3. 用户及权限管理

为了保证系统及数据的安全，系统管理提供了权限管理功能。通过设定用户的权限，一方面可以避免与业务无关的人员进入系统，另一方面可以对U8系统所包含的各个模块的操作进行协调，以保证各负其责，流程顺畅。

用户及权限管理包括设置角色、设置用户及为用户分配功能权限。

4. 系统安全管理

对企业来说，系统运行安全、数据存储安全是非常重要的，U8系统管理中提供了三种安全保障机制。第一，在系统管理界面，可以监控整个系统运行情况、随时清除系统运行过程中的异常任务和单据锁定；第二，可以设置备份计划让系统自动进行数据备份，当然在账套管理和账套库管理中可以随时进行人工备份；第三，可以管理上机日志，上机日志对系统所有操作都进行了详细记录，为快速查明问题原因提供了线索。

1.2.2 系统管理的应用流程

为了帮助大家快速掌握系统管理的应用，我们以图示的方式总结初次使用系统管理的应用流程，如图1-2所示。

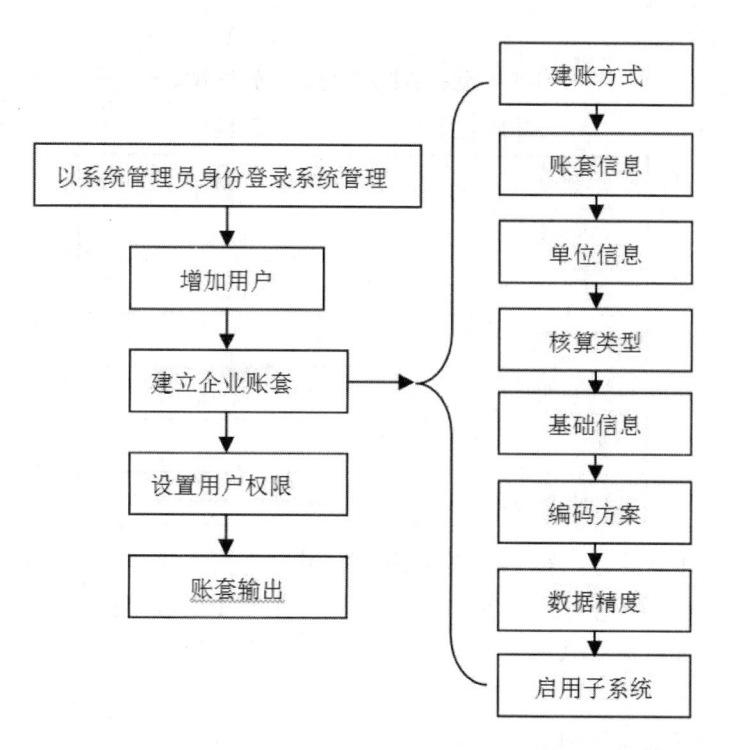

图1-2　初次使用系统管理的应用流程

1.3　技能解析

1.3.1　登录系统管理

1．谁能登录系统管理

鉴于系统管理模块在用友U8中的重要地位，因此对系统管理模块的使用，系统予以严格控制。系统仅允许以两种身份登录系统管理：一种是以系统管理员的身份，另一种是以账套主管的身份。系统管理员和账套主管无论是工作职责还是在U8中的权限都是不同的。

在企业中，系统管理员主要负责信息系统安全。具体包括：数据存储安全、系统使用安全和系统运行安全。对应的具体工作包括监控系统日常运行、网络及系统维护、防范安全风险、数据备份、系统用户权限管理等内容。系统管理员工作性质偏技术，他不能参与企业实际业务处理工作。

账套主管是企业中某业务领域的业务主管，如财务主管。他要根据企业发展需要及业务现状，确定企业会计核算的规则、U8各个子系统参数设置、组织企业业务处理按规范流程运行。账套主管是U8中权限最高的用户，拥有所有子系统的操作权限。

系统管理员和账套主管工作性质不同，在U8中拥有的权限也就不同。两者权限对比如表1-1所示。

表1-1 系统管理员和账套主管权限对比

U8中的系统	功能细分	系统管理员	账套主管
系统管理	账套-建立、引入、输出	√	
	账套-修改		√
	账套库		√
	权限-角色、用户	√	
	权限-权限	√	√
	视图	√	
企业应用平台	所有业务系统		√

需要特别强调的是，虽然两者都拥有为用户赋权的权限，但在权限范围上还是有很大差别。系统管理员可以为U8系统中所有账套中的任何用户赋予任何级别的权限；而账套主管只能对其所登录的账套的用户赋予权限，并且不能赋予某用户账套主管权限。

2．如何登录系统管理

无论登录用友U8中的哪个模块，其登录界面都是相同的，如图1-3所示。

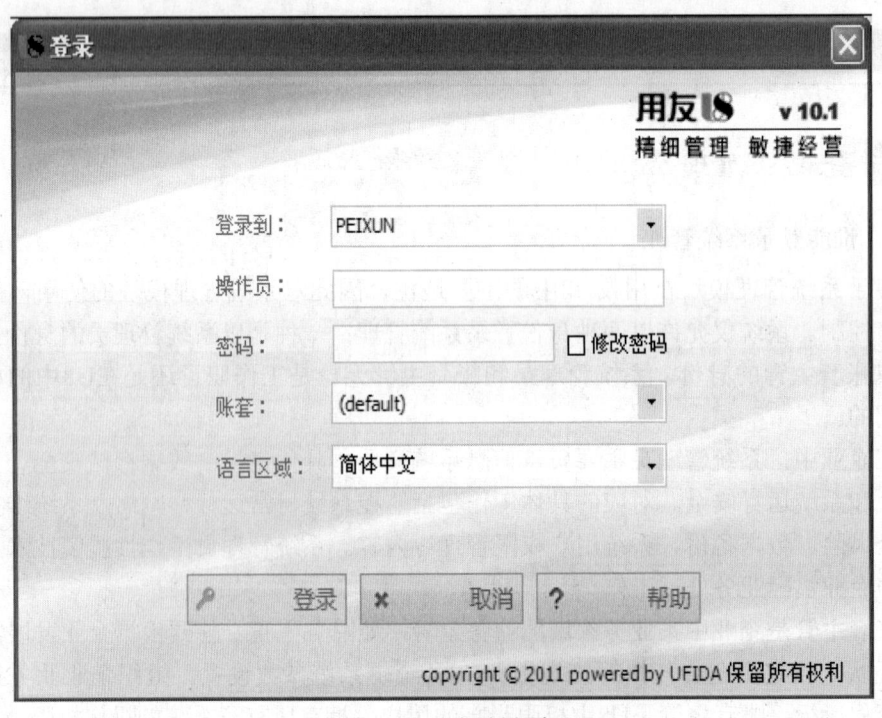

图1-3 U8登录界面

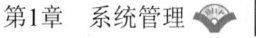

从图1-2中得见，登录系统时，要回答这样几个问题。

（1）登录到哪个应用服务器？

"登录到"后面的文本框中为U8应用服务器的名称或IP地址。在教学环境中以单机方式应用时，应用服务器即为本机；企业信息化应用模式下，U8安装完成后要进行应用服务器和数据服务器、客户端和应用服务器的互联。

（2）什么人登录系统？

与手工方式下通过签字盖章等方式明确责任人的方式不同，在信息系统中是通过登录系统时"操作员+密码"来认定用户身份的，因此登录界面中的"操作员"后的文本框中需要输入在系统中已经预先建立的操作员编号或操作员姓名和对应密码，当该操作员在系统中进行业务处理时，系统会自动记录其姓名，以此明确经济责任。

（3）登录到哪个企业账套？

因为U8系统支持多账套，每一个账套都代表不同的企业，因此操作员登录时需要从"账套"下拉列表中选择自己所属的企业。

（4）语言区域

用友U8系统提供简体中文、英文、繁体中文等多个语言版本，默认为"简体中文"。

1.3.2 增加用户

企业开始应用U8管理业务之前，首先要确定企业中哪些人员可以操作系统，并对操作人员的操作权限进行限定，以避免无关人员对系统进行非法操作。同时也可以对系统所包含的各个功能模块的操作进行协调，使得流程顺畅，并保证整个系统和会计数据的安全。

1．角色与用户

在U8中，角色与用户是不同的概念。

角色是指在企业管理中具有某一类职能的组织，这个组织可以是实际的部门，也可以是由具有同一类职能的人构成的虚拟组织。例如，实际工作中最常见的会计和出纳两个角色，他们既可以是同一个部门的人员，也可以分属不同的部门，但工作职能是一样的。我们在设置了角色后，就可以定义角色的权限，当用户归属某一角色后，就相应地拥有了该角色的权限。设置角色的优点在于可以根据职能统一进行权限的划分，方便授权。图1-4所示为账套主管的角色情况。

用户是指有权登录系统，并对系统进行操作和查询的企业人员，即通常意义上的"操作员"。每次注册及登录系统，都要进行用户身份的合法性检查。用户和角色的设置可以不分先后顺序，但对于自动传递权限来说，应该首先设定角色，然后分配权限，最后进行用户的设置。这样在设置用户的时候，选择其归属哪一个角色，其就会自动拥有该角色的权限（包括功能权限和数据权限）。一个角色可以拥有多个用户，一个用户也可以分属于多个不同的角色。

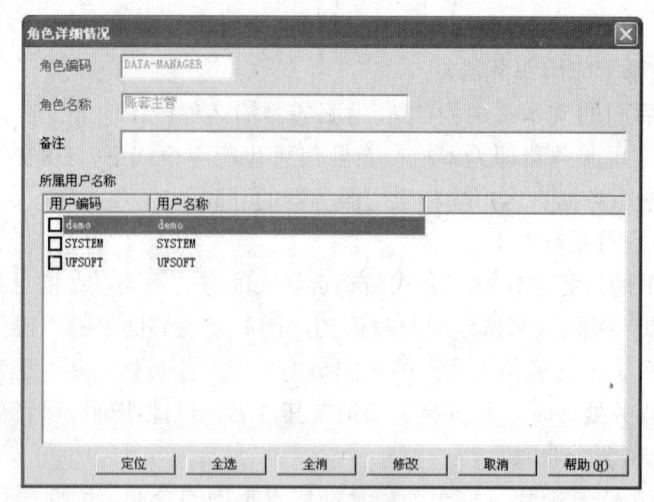

图1-4 角色-账套主管

2．用户管理

用户管理包括增加用户、修改用户和删除用户。

（1）增加用户

企业中每一个需要使用U8的人员都需要建立用户。在U8系统中，拥有唯一的用户编码和登录密码。用户登录时，U8系统以此识别用户身份，并开放该用户有权操作的功能节点。增加用户界面包括以下信息，如图1-5所示。

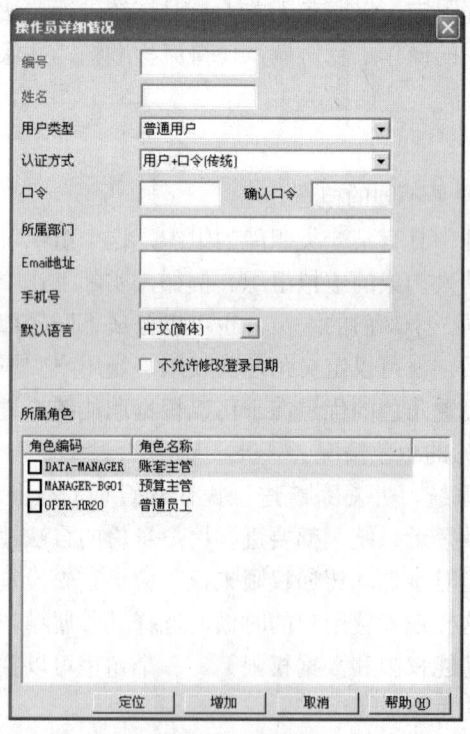

图1-5 增加用户

- 编号：用户编号在U8系统中必须唯一，即使是不同的账套，用户编号也不能重复。
- 姓名：准确输入该用户的中文全称。用户登录U8进行业务操作时，此处的姓名将会显示在业务单据上，以明确经济责任。
- 用户类型：有普通用户和管理员用户两种。普通用户指登录系统进行各种业务操作的人；管理员用户的性质与admin相同，他们只能登录系统管理进行操作，不能接触企业业务。
- 认证方式：提供用户+口令（传统）、动态密码、CA认证、域身份验证四种认证方式。用户+口令（传统）是U8默认的用户身份认证方式，即通过系统管理中的用户管理来设置用户的安全信息。
- 口令：设置操作员口令时，为保密起见，输入的口令字符在屏幕上以"*"号显示。
- 确认口令：再次输入口令，通过验证口令一致性来确保口令正确。
- 所属角色：系统预置了账套主管、预算主管、普通员工三种角色。

（2）修改用户

当用户工作岗位发生变化、因故调离时，需要对已有用户信息进行修改。如果工作调整涉及到工作权限的更改，需要修改用户所属角色；如果该用户从企业离职，需要注销当前用户。

1.3.3 建立企业核算账套

为了方便操作，用友U8中设置了建账向导，用来引导用户完成建账，如图1-6所示。建立企业账套时，需要向系统提供以下表征企业特征的信息，归类如下。

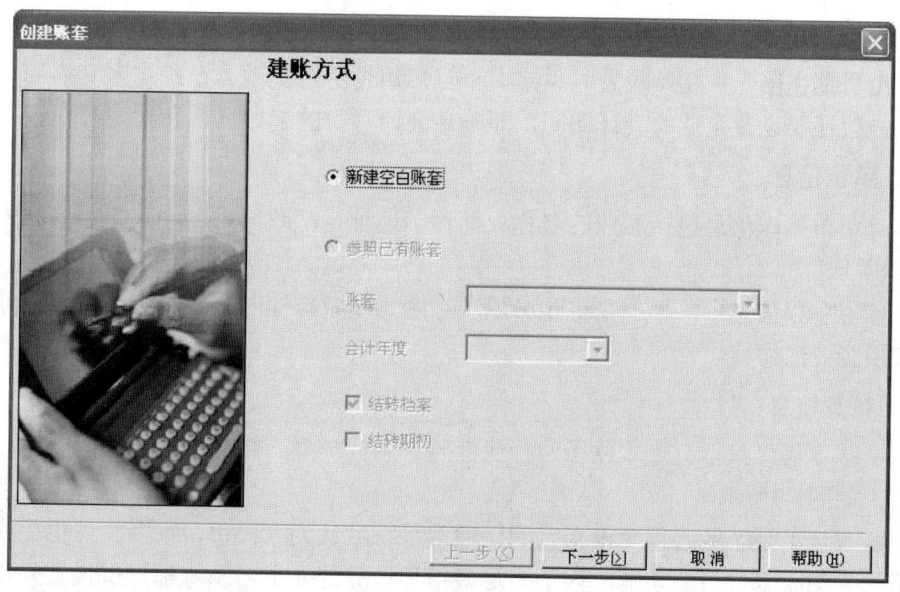

图1-6 建账向导

1．账套信息

账套信息包括账套号、账套名称、账套启用日期及账套路径，如图1-7所示。

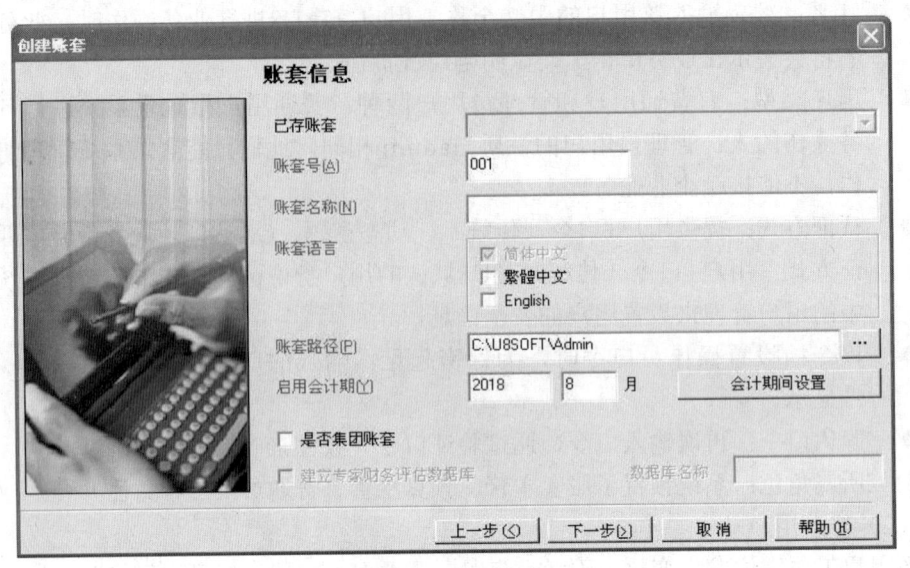

图1-7 账套信息

用友U8支持建立多个企业账套，因此必须设置账套号作为区分不同账套数据的唯一标识。

账套名称一般用来描述账套的基本特性，可以用核算单位简称或该账套的用途来命名。账套号与账套名称是一一对应的关系，共同代表特定的核算账套。

账套路径用来指明账套在计算机系统中的存放位置，为方便用户，应用系统中一般预设一个存储位置，称其为默认路径，但允许用户更改。

账套启用日期用于规定该企业使用计算机进行业务处理的起点，一般要指定年、月。启用日期在第一次初始设置时设定，一旦启用便不可更改。在确定账套启用日期的同时，一般还要设置企业的会计期间，即确认会计月份的起始日期和结账日期。

2．单位信息

核算单位基本信息包括企业的名称、简称、地址、邮政编码、法人、通信方式等，如图1-8所示。

在以上各项信息中，单位全称是必填项，因为发票打印时要使用企业全称，其余情况则使用企业的简称。

3．核算信息

账套基本信息包括记账本位币、行业性质、企业类型、账套主管、编码方案、数据精度等，如图1-9所示。

记账本位币是企业必须明确指定的，通常系统默认为人民币，很多软件也提供以某种外币作为记账本位币的功能。为了满足多币种核算的要求，系统都提供设置外币及汇率的功能。

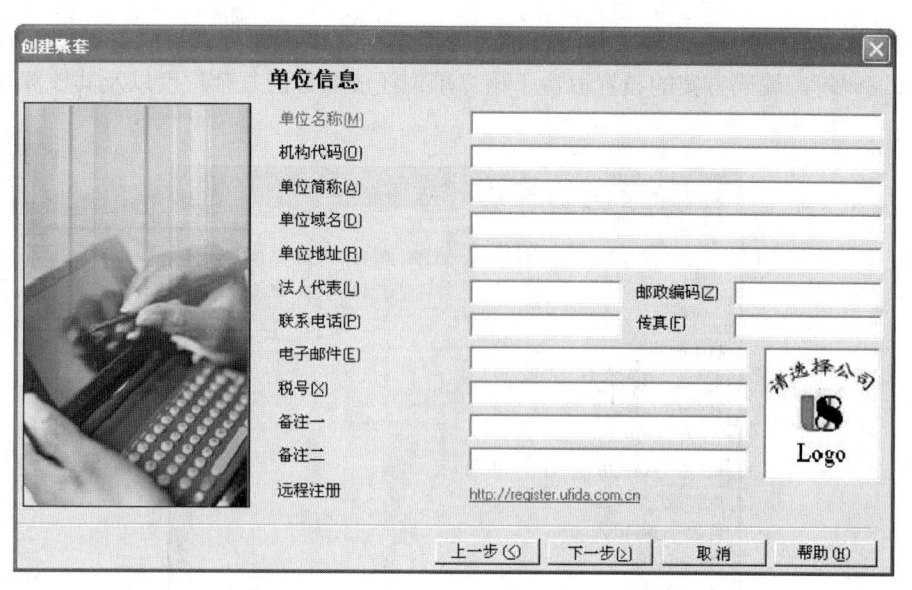

图1-8 单位信息

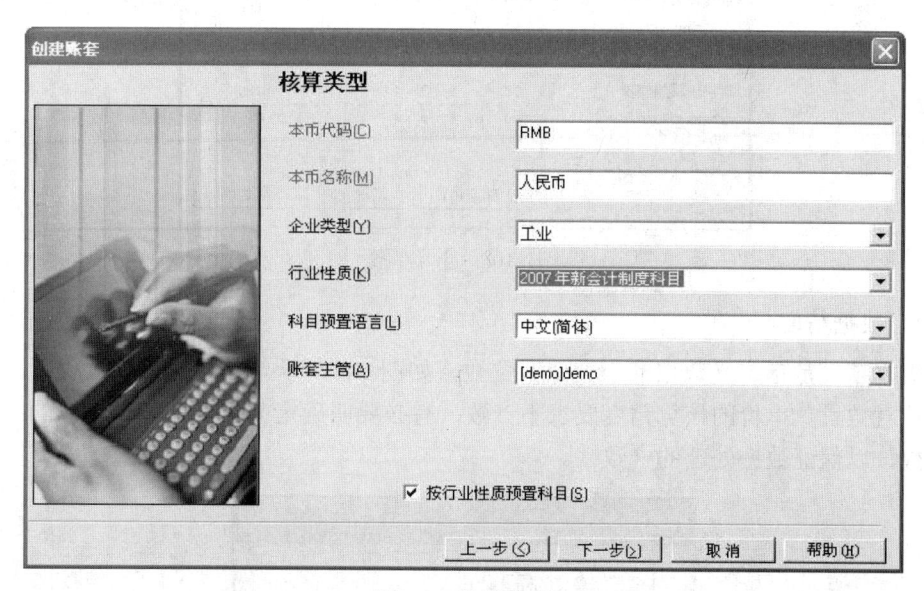

图1-9 核算信息

企业类型是区分不同企业业务类型的必要信息，选择不同的企业类型，系统在业务处理范围上会有所不同。

行业性质表明企业所执行的会计制度。从方便使用出发，系统一般内置不同行业的一级科目供用户选择，在此基础上，用户可以根据本单位的实际需要增设或修改必要的明细核算科目。

4．编码方案

编码方案是对企业关键核算对象进行分类级次及各级编码长度的指定，以便于用户进行分级核算、统计和管理，如图1-10所示。可分级设置的内容一般包括科目编码、存货分类编码、地区分类编码、客户分类编码、供应商分类编码、部门编码和结算方式编码等。编码方案的设置取决于核算单位经济业务的复杂程度以及其核算与统计要求。

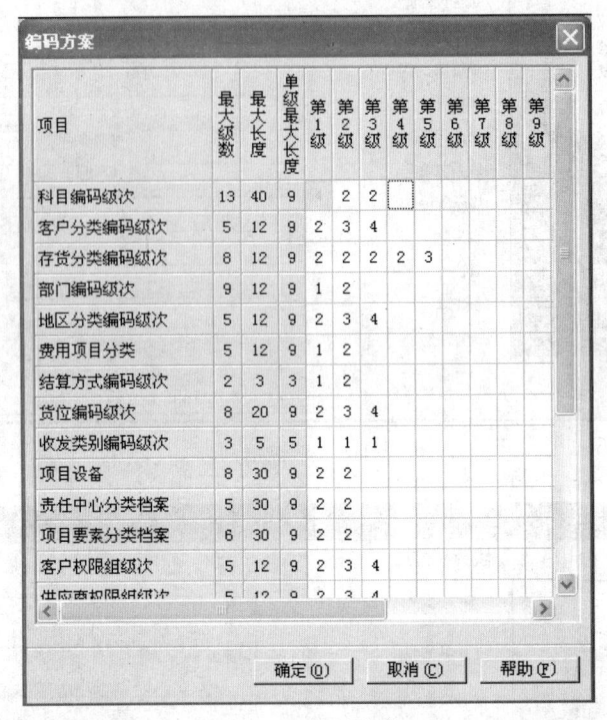

图1-10 编码方案

5. 数据精度

数据精度是指定义数据的小数保留位数,如图1-11所示。在会计核算过程中,由于各企业对数量、单价的核算精度要求不一致,有必要明确定义主要数量、金额的小数保留位数,以保证数据处理的一致性。

图1-11 数据精度

以上账套参数确定后，应用系统会自动建立一套符合用户特征要求的账簿体系。

1.3.4 系统启用

1．理解系统启用

系统启用是指设定在U8中各个子系统开始使用的日期。用友U8管理软件分为财务会计、管理会计、供应链、生产制造、人力资源、集团应用、决策支持和企业应用集成等功能组，每个功能组中又包含若干模块，它们中大多数既可独立运行，又可以集成使用，但两种用法的数据流程是有差异的。一方面企业可以按照企业信息化规划及本身的管理特点选购不同的子系统；另一方面企业也可以采取循序渐进的策略，有计划地先启用一些模块，一段时间之后再启用另外一些模块。系统启用为企业提供了选择的便利，它可以表明企业在何时启用了哪些子系统。只有设置了系统启用的模块才可以登录。

2．系统启用的方法

系统启用有两种方法。一是由系统管理员在系统管理中创建企业账套完成时进行系统启用设置，如图1-12所示；二是如果在建立账套时未设置系统启用，则由账套主管在企业应用平台基本信息中进行系统启用的设置。

图1-12 系统启用

1.3.5 设置用户权限

向U8系统中增加操作员之后，如果没有赋予操作员任何权限，该操作员虽然能登录U8，但却无法进行任何操作。因此，需要按照企业内部控制的要求，根据工作岗位为操作员分配操作权限，如图1-13所示。

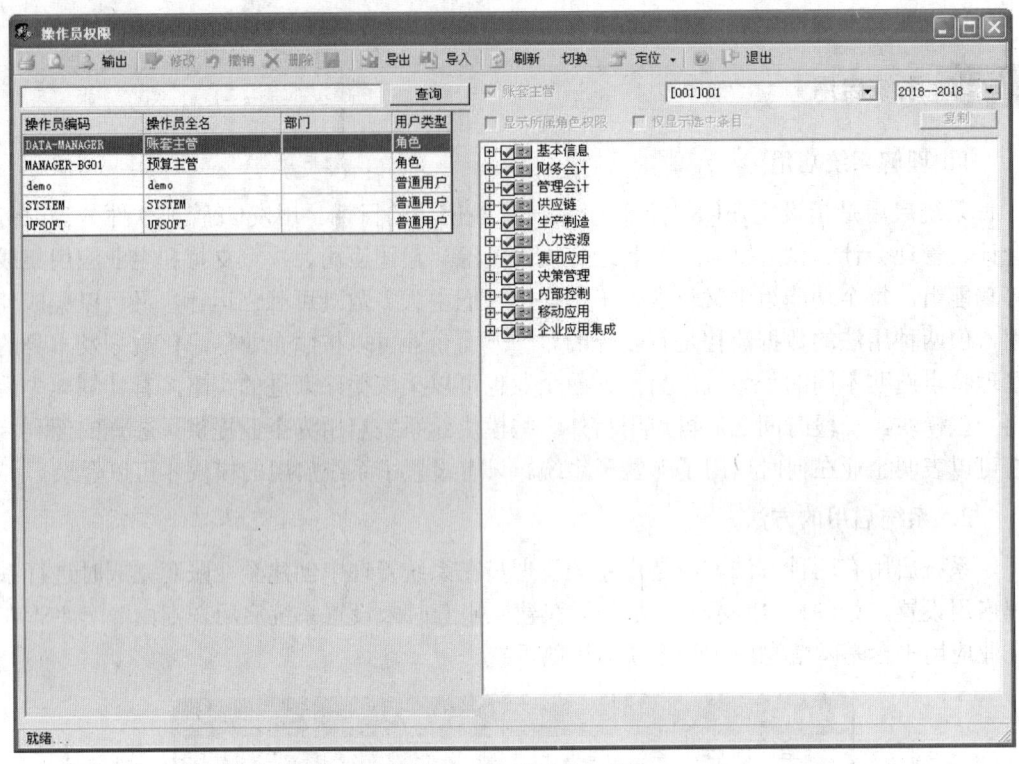

图1-13 设置用户权限

1. 谁可以为操作员赋权

系统管理员和账套主管都可以为操作员赋权，但两者在行使赋权功能时略有区别。区别在于系统管理员可以给操作员赋账套主管权限，而账套主管是没有该权利的。

2. 如何为操作员赋权

为操作员赋权时，首先要选择企业账套，即确定为操作员赋予哪个账套的权限；然后选择操作员，即确定给谁赋权；最后选择要给操作员赋予的权限。

从权限级别上，账套主管是U8系统中权限最高的操作员，一个账套可以有多个账套主管。此外，可以赋予操作员U8系统中指定模块或模块中某个功能的操作权限。

1.3.6 账套输出

所有输入到用友U8系统中的数据都存储在SQL Server数据库管理系统中。

企业实际运营中，存在很多不可预知的不安全因素，如火灾、计算机病毒、误操作、人为破坏等，任何一种情况的发生对系统及数据安全的影响都是致命性的。如何在意外发生时将企业损失降至最低，是每个企业共同关注的问题。因此，系统必须提供一个保存机内数据的有效方法，可以定期将机内数据备份出来存储到不同的介质上。备份数据一方面用于意外发生时恢复数据之用，另外，对于异地管理的公司，还可以解决审计和数据汇总的问题。

用友U8提供了两种方式用于备份数据，即设置自动备份计划和账套输出。

1．设置自动备份计划

设置自动备份计划是一种自动备份数据的方式。利用该功能，可以实现定时、自动输出多个账套的目的，有效减轻了系统管理员的工作量，保障了系统数据安全。

以系统管理员或账套主管身份登录系统管理，执行"系统"→"设置备份计划"命令，开始设置自动备份计划，如图1-14所示。系统管理员既可以对账套设置自动备份计划，也可以对年度账设置自动备份计划。账套主管只能对年度账设置自动备份计划。

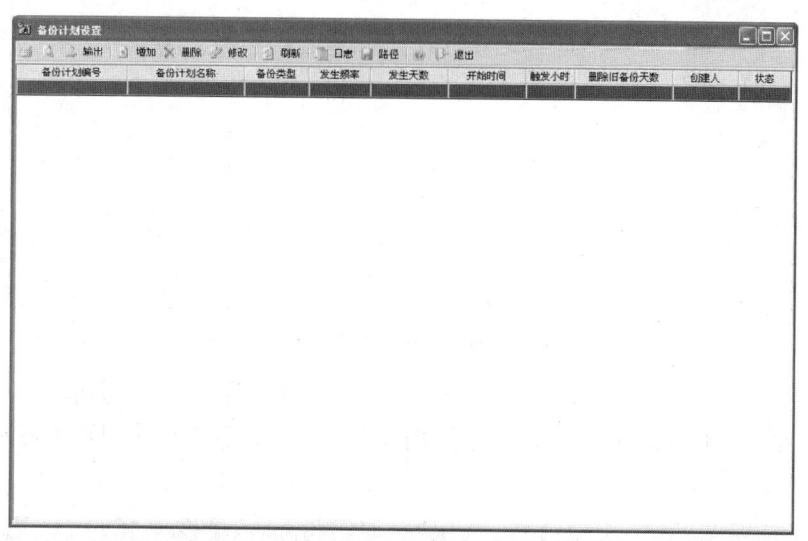

图1-14 备份计划设置

2．输出账套

账套输出是一种人工备份数据的方式，如图1-15所示。只有系统管理员拥有账套输出的权限。账套输出之后将在指定路径下形成两个文件：UFDATA.BAK和UfErpAct.Lst。这两个文件不能直接打开，只能通过系统管理中的账套引入功能引入到U8后，才能正常查询。

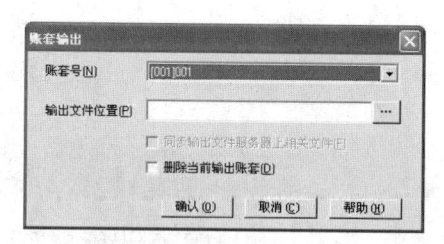

图1-15 账套输出

1.4 样题解答

1．登录系统管理

（1）执行"开始"→"所有程序"→"用友U8V10.1"→"系统服务"→"系统

管理"命令,进入"用友U8[系统管理]"窗口,如图1-16所示。

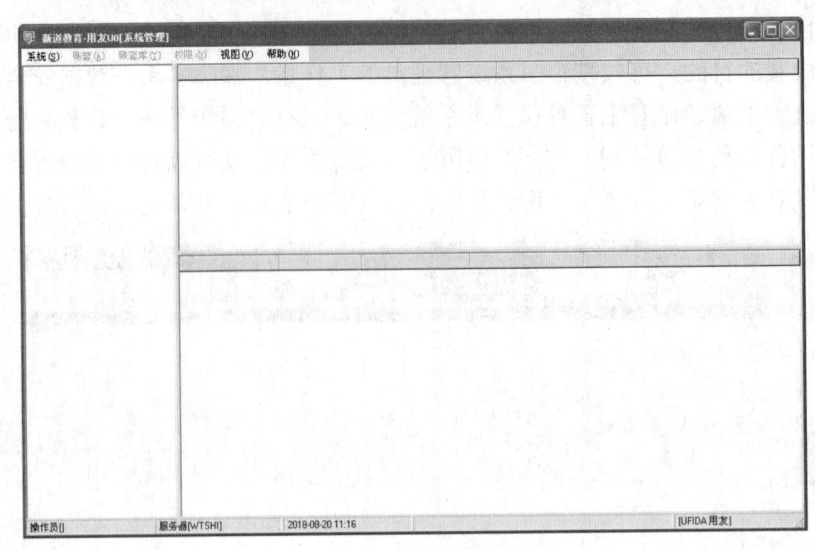

图1-16 "系统管理"窗口

（2）执行"系统"→"注册"命令,打开"登录"系统管理对话框。

（3）系统中预先设定了一个系统管理员admin,系统管理员的初始密码为空,如图1-17所示。

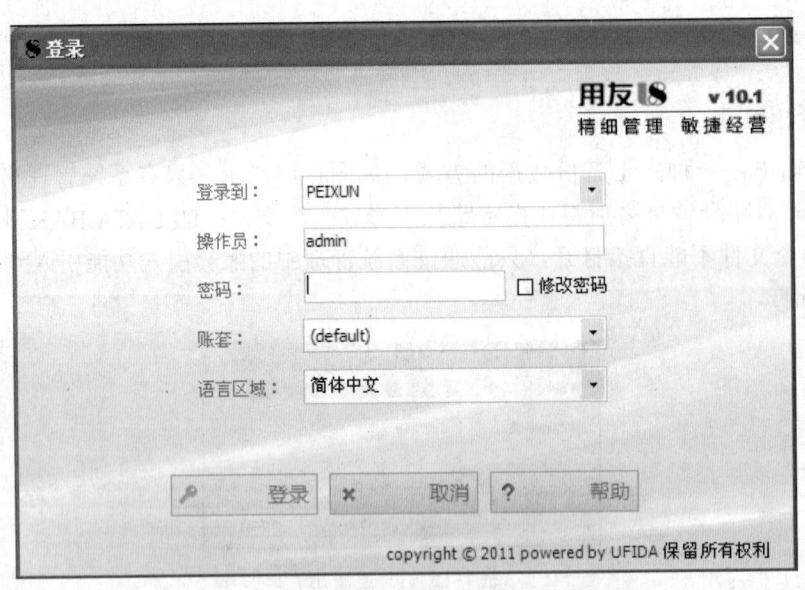

图1-17 以系统管理员身份登录系统管理

（4）单击"登录"按钮,以系统管理员身份进入"系统管理"窗口。"系统管理"窗口最下方的状态栏中会显示当前操作员[admin],如图1-18所示。"系统管理"窗口中显示为黑色的菜单项即为系统管理员在系统管理中可以执行的操作。

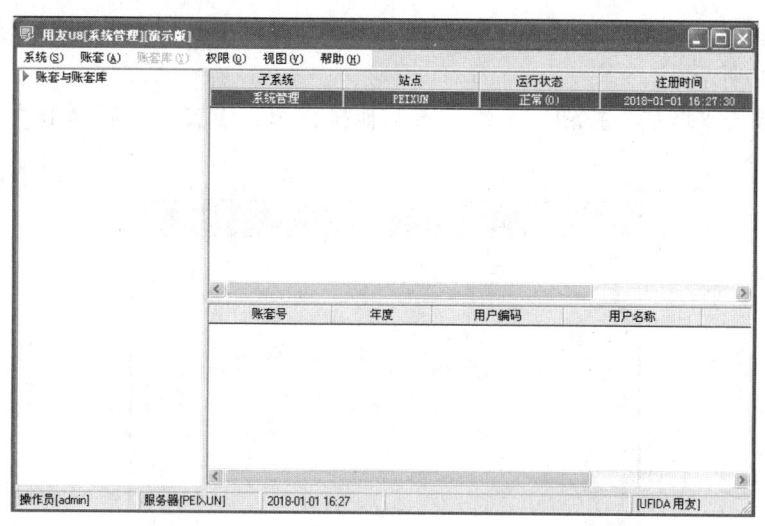

图1-18 以系统管理员身份进入系统管理后

🏷️ 提示：系统管理员的初始密码为空。为保证系统运行的安全性，在企业实际应用中应及时为系统管理员设置密码。设置系统管理员密码为"super"的操作步骤是：在系统管理员"登录"系统管理对话框中选中"修改密码"复选框，单击"登录"按钮，打开"设置操作员密码"对话框，在"新密码"和"确认新密码"文本框中均输入"super"。最后单击"确定"按钮，返回"系统管理"窗口即可。在教学过程中，由于多人共用一套系统，为了避免由于他人不知道系统管理员密码而无法以系统管理员身份进入系统管理的情况出现，建议不要给系统管理员设置密码。

2．增加用户

只有系统管理员才能进行增加用户的操作。

（1）以系统管理员身份登录系统管理，执行"权限"→"用户"命令，打开"用户管理"窗口，如图1-19所示。

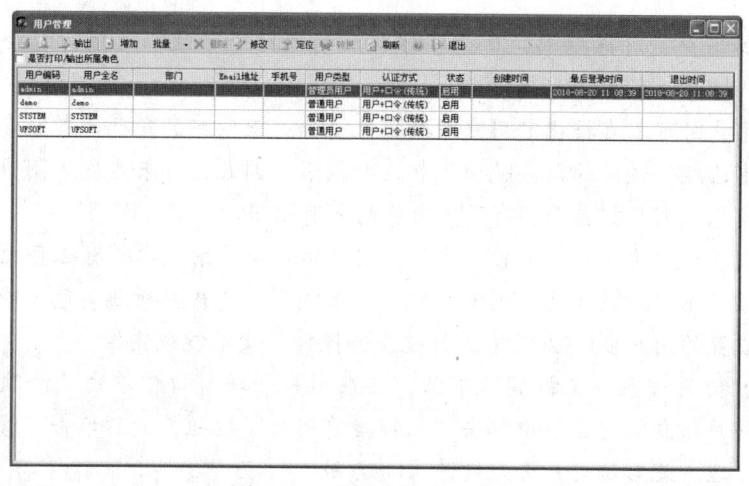

图1-19 "用户管理"窗口

（2）单击"增加"按钮，打开"增加用户"对话框。按本题要求输入操作员信息，如图1-20所示。

（3）单击"增加"按钮，依次设置其他操作员。设置完成后单击"取消"按钮退出。

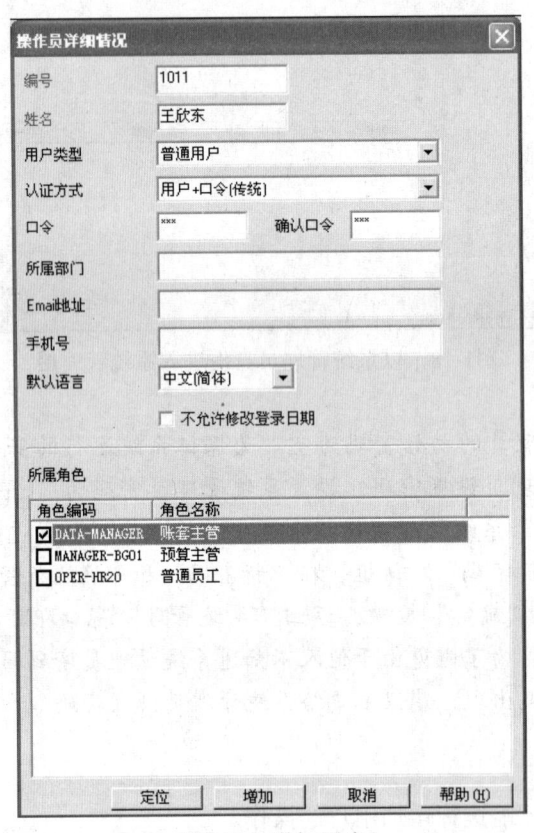

图1-20 增加用户

> 提示：
> - 在"增加用户"对话框中，蓝色字体标注的项目为必须输入项，其余项目为可选项。这一规则适用于U8所有界面。
> - 在增加用户时可以直接指定用户所属角色。如：王欣东的角色为"账套主管"。由于系统中已经为预设的角色赋予了相应的权限，因此，如果在增加用户时就指定了相应的角色，则其就自动拥有了该角色的所有权限。
> - 如果已设置用户为"账套主管"角色，则该用户也是系统内所有账套的账套主管。
> - 如果定义了用户所属角色，则不能删除。必须先取消用户所属角色才能删除用户。只要所设置的用户在U8系统中进行过业务操作，便不能被删除。
> - 如果用户使用过系统又被调离单位，应在用户管理窗口中单击"修改"按钮，在"修改用户信息"对话框中单击"注销当前用户"按钮，最后单击"修改"按钮返回系统管理。此后该用户将无权进入U8系统。

3．建立账套

只有系统管理员可以建立企业账套。建账过程在建账向导引导下完成。

（1）新建空白账套

以系统管理员身份注册进入系统管理，执行"账套"→"建立"命令，打开"创建账套 - 建账方式"对话框，如图1-21所示。选择"新建空白账套"，单击"下一步"按钮，打开"账套信息"对话框。

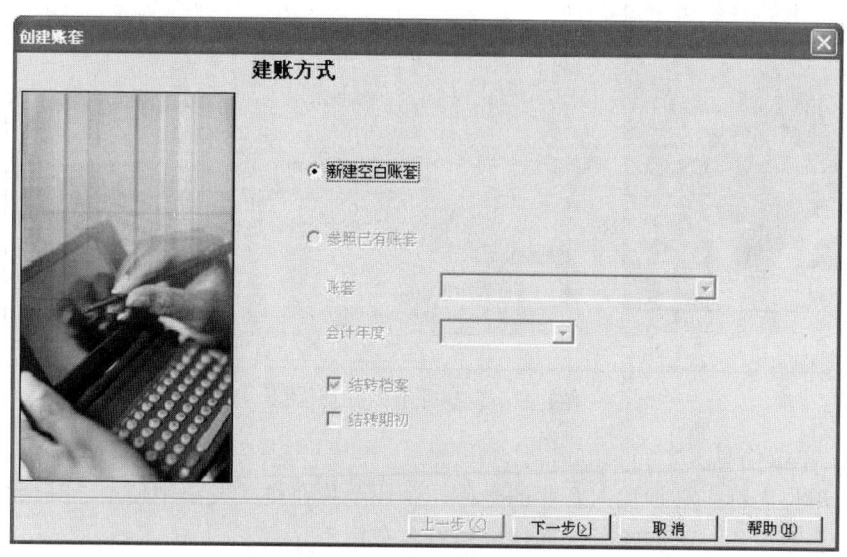

图1-21　"创建账套"对话框

（2）账套信息

- 已存账套：系统将已存在的账套以下拉列表框的形式显示，用户只能查看，不能输入或修改，目的是为了避免重复建账。
- 账套号：账套号是该企业账套的唯一标识，必须输入，且不得与系统内已经存在的账套号重复。可以输入001～999之间的3个字符，本题输入账套号101。
- 账套名称：账套名称可以输入核算单位的简称，必须输入，进入系统后它将显示在正在运行的软件的界面上。本题输入"ufida101"。
- 账套语言：系统默认选中"简体中文"选项。从系统提供的选项中可以看出，U8还支持繁体中文和英文作为账套语言，但简体中文为必选。
- 账套路径：用来确定新建账套将要被放置的位置，系统默认的路径为"C:\U8SOFT\Admin"，用户可以手工更改，也可以单击"…"按钮进行选择更改。
- 启用会计期：是指开始使用U8系统进行业务处理的初始日期，必须输入。系统缺省为计算机的系统日期，本题更改为"2017年1月"。系统自动将自然月份作为会计核算期间。
- 是否集团账套：本题不选择。
- 建立专家财务评估数据库：本题不选择。

输入完成后,如图1-22所示,单击"下一步"按钮,打开"创建账套 - 单位信息"对话框。

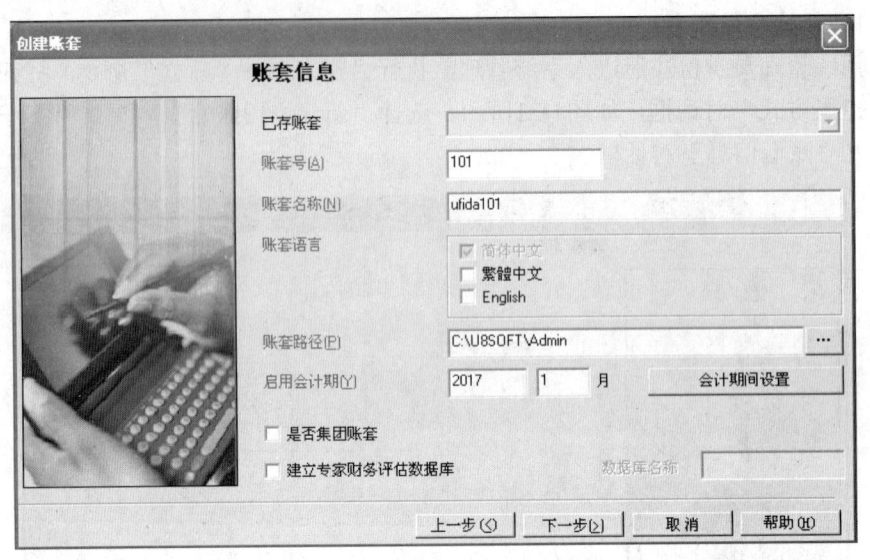

图1-22 创建账套 - 账套信息

(3)单位信息
- 单位名称:必须输入企业的全称。企业全称在正式发票中使用,其余情况使用企业简称。本例输入"通达机械设备公司"。
- 单位简称:用户单位的简称,建议输入。本题输入"通达"。
- 其他栏目都属于任选项,参照所给资料输入即可。

输入完成后,如图1-23所示,单击"下一步"按钮,打开"创建账套 - 核算类型"对话框。

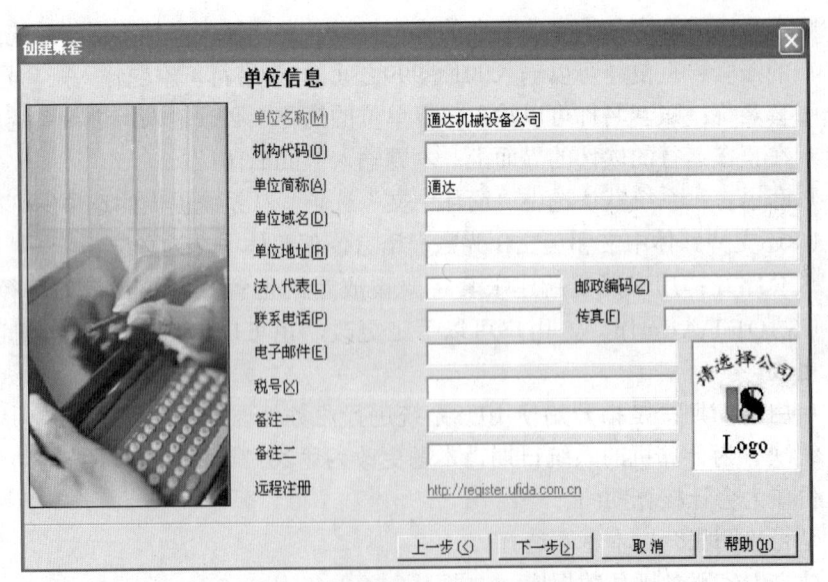

图1-23 创建账套 - 单位信息

(4)核算类型
- 本币代码：必须输入。本题采用系统默认值"RMB"。
- 本币名称：必须输入。本题采用系统默认值"人民币"。
- 企业类型：系统提供了工业、商业、医药流通三种类型。如果选择"工业"，则系统不能处理受托代销业务；如果选择"商业"，则系统不能处理产成品入库、材料领用出库业务。本题采用系统默认值"工业"。
- 行业性质：用户必须从下拉列表框中选择输入，系统将按照所选择的行业性质预置科目。本题采用系统默认"2007年新会计制度科目"。
- 账套主管：从下拉列表框中选择输入"[1011]王欣东"。
- 按行业性质预置科目：如果希望系统预置所属行业的标准一级科目，则选中该复选框。本题选择"按行业性质预置科目"。

输入完成后，如图1-24所示，单击"下一步"按钮，打开"创建账套 - 基础信息"对话框。

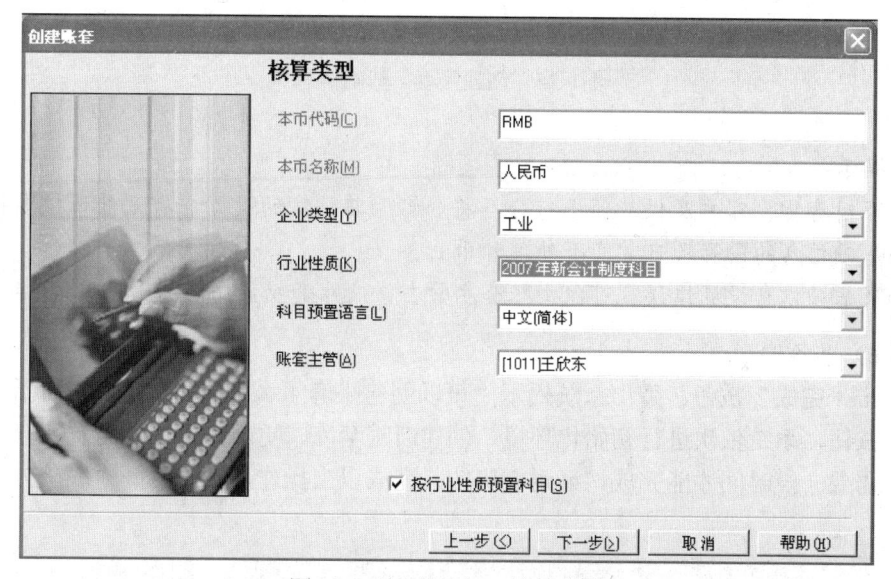

图1-24　创建账套 - 核算类型

提示：
- 行业性质将决定系统预置科目的内容，必须正确选择。
- 如果事先增加了用户，则可以在建账时选择该用户为该账套的账套主管。如果建账前未设置用户，建账过程中可以先选一个操作员作为该账套的主管，待账套建立完成后再到"权限"功能中进行账套主管的设置。
- 如果选择了"按行业性质预置科目"，则系统根据所选择的行业类型自动装入国家规定的一级科目及部分二级科目。

(5)基础信息

如果单位的存货、客户、供应商相对较多，可以对它们进行分类核算。如果此时不能确定是否进行分类核算，也可以建账完成后由账套主管在"修改账套"功能中重新设置。

按照本题要求，勾选"存货是否分类""客户是否分类"和"有无外币核算"三个复选框，如图1-25所示，单击"下一步"按钮，打开"创建账套 - 准备建账"对话框。

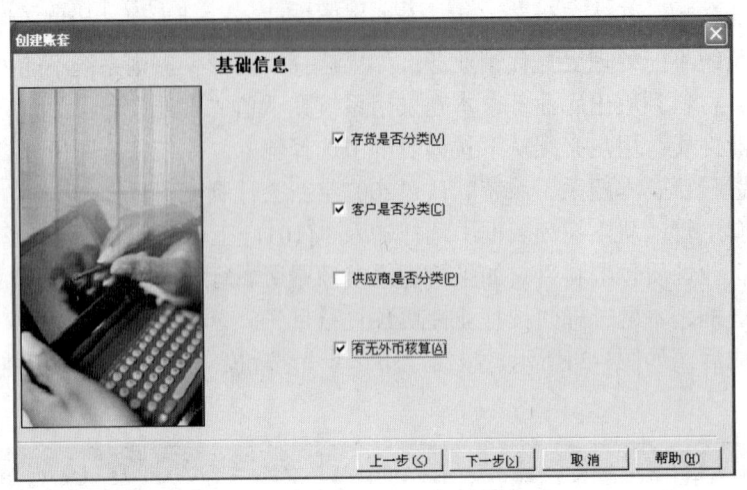

图1-25　创建账套 - 基础信息

提示：
- 是否对存货、客户及供应商进行分类将会影响其档案的设置。有无外币核算将会影响基础信息的设置及日常能否处理外币业务。
- 如果基础信息设置错误，可以由账套主管在修改账套功能中进行修改。

（6）准备建账

单击"完成"按钮，弹出系统提示"可以创建账套了么？"，如图1-26所示。单击"是"按钮，系统依次进行初始化环境、创建新账套库、更新账套库、配置账套信息等操作，需要一段时间才能完成，请耐心等待。完成以上操作后，将打开"编码方案"对话框。

图1-26　创建账套 - 准备建账

（7）分类编码方案

为了便于对经济业务数据进行分级核算、统计和管理，系统要求预先设置某些基础档案的编码规则，即规定各种编码的级次及各级的长度。

按本题要求修改系统默认值，如图1-27所示，单击"确定"按钮，再单击"取消"按钮，将打开"数据精度"对话框。

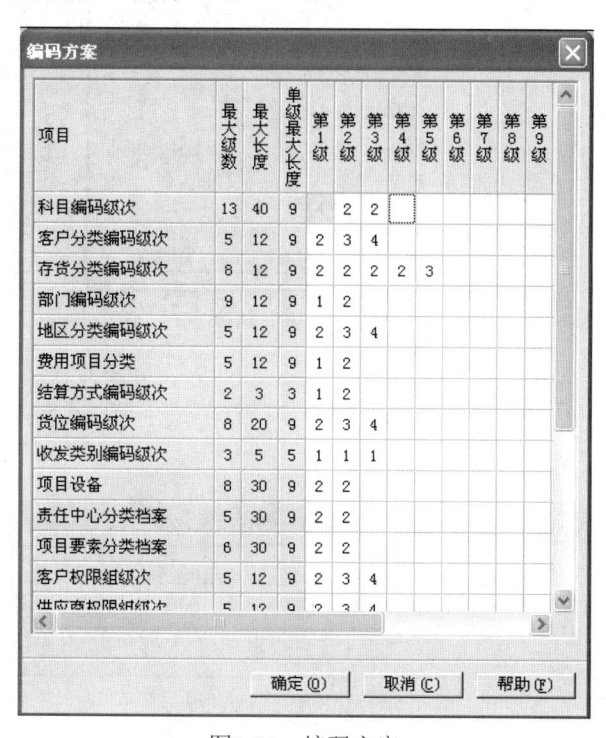

项目	最大级数	最大长度	单级最大长度	第1级	第2级	第3级	第4级	第5级	第6级	第7级	第8级	第9级
科目编码级次	13	40	9		2	2	2					
客户分类编码级次	5	12	9	2	3	4						
存货分类编码级次	8	12	9	2	3		2	3				
部门编码级次	9	12	9	1	2							
地区分类编码级次	5	12	9	2	3	4						
费用项目分类	5	12	9	2								
结算方式编码级次	2	3	3	1	2							
货位编码级次	8	20	9	2	3	4						
收发类别编码级次	3	5	5	1	1	1						
项目设备	8	30	9	2	2							
责任中心分类档案	5	30	9	2	2							
项目要素分类档案	6	30	9	2	2							
客户权限组级次	5	12	9	2	3	4						
供应商权限组级次	5	12	9	2	3	4						

图1-27 编码方案

提示：

- 编码方案的设置，将会直接影响到基础信息设置中相应内容的编码级次及每级编码的位长。
- 科目编码级次中第1级科目编码长度根据建账时所选行业性质自动确定，此处显示为灰色，不能修改，只能设定第1级之后的科目编码长度。
- 删除编码级次时，必须从最后一级向前依次删除。

（8）数据精度定义

数据精度涉及核算精度问题。涉及购销存业务环节时，会输入一些原始单据，如发票、出入库单等，需要填写数量及单价，数据精度定义即是确定有关数量及单价的小数位数的。本题采用系统默认，如图1-28所示。单击"确定"按钮，系统显示"正在更新单据模板，请稍等"信息提示。

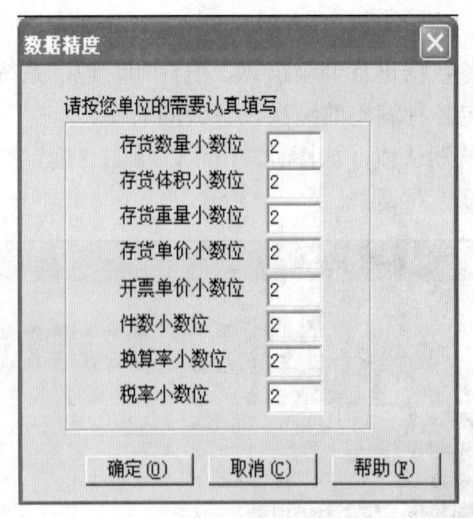

图1-28 数据精度

(9) 完成建账

完成单据模板更新后,系统弹出建账成功信息提示,如图1-29所示。单击"是"按钮,将打开"系统启用"对话框。

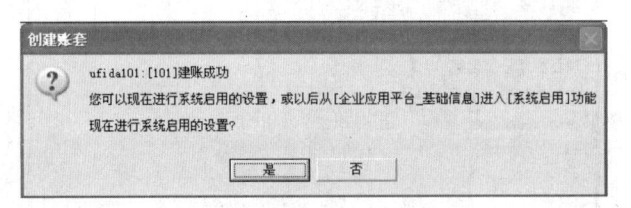

图1-29 建账成功信息提示

提示:
- 如果选择"是"按钮,则可以直接进行"系统启用"的设置;也可以单击"否"按钮先结束建账过程,之后再在企业应用平台中的基础信息中进行系统启用设置。
- 建账完成后,编码方案、数据精度、系统启用项目可以由账套主管在"企业应用平台"→"基础设置"→"基本信息"中进行修改。

(10) 启用总账系统

勾选"GL总账"前的复选框,打开"日历"对话框。单击 按钮选择年份"2017",单击月份下拉列表选择"一月",选中"1日",如图1-30所示。单击"确定"按钮,系统弹出"确实要启用当前系统吗"信息提示框,单击"是"按钮,完成总账系统启用。单击"退出"按钮,系统弹出"请进入企业应用平台进行业务操作!",单击"确定"按钮,再单击"退出"按钮,返回"系统管理"窗口。

提示:
- 总账启用日期不能早于企业账套启用日期。企业账套启用日期会在系统启用界面右上角显示。

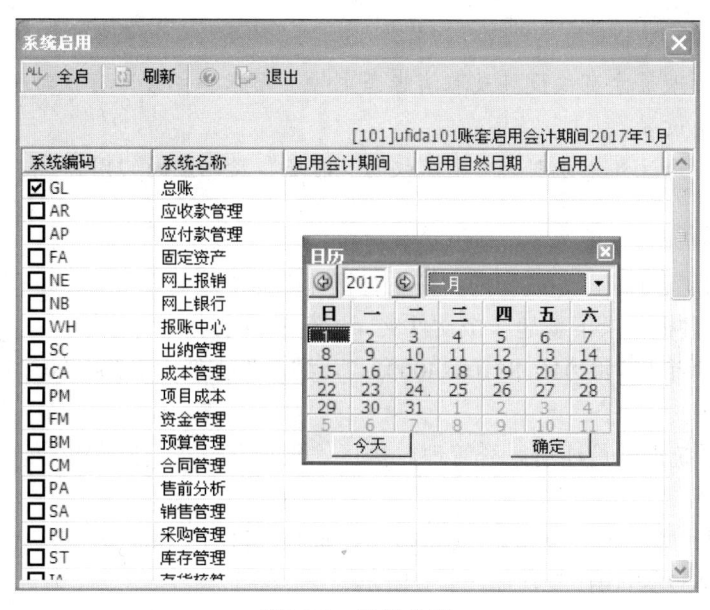

图1-30　启用总账

4．设置用户权限

设置用户张华拥有101账套"公用目录设置"和"总账"的操作权限。

（1）执行"权限"→"权限"命令，在打开的"操作员权限"窗口中，选中"1012张华"，单击"修改"按钮。

（2）在右侧界面中，勾选"基本信息"中"公用目录设置"前的复选框和"财务会计"中"总账"前的复选框，如图1-31所示。

（3）单击"保存"按钮返回。

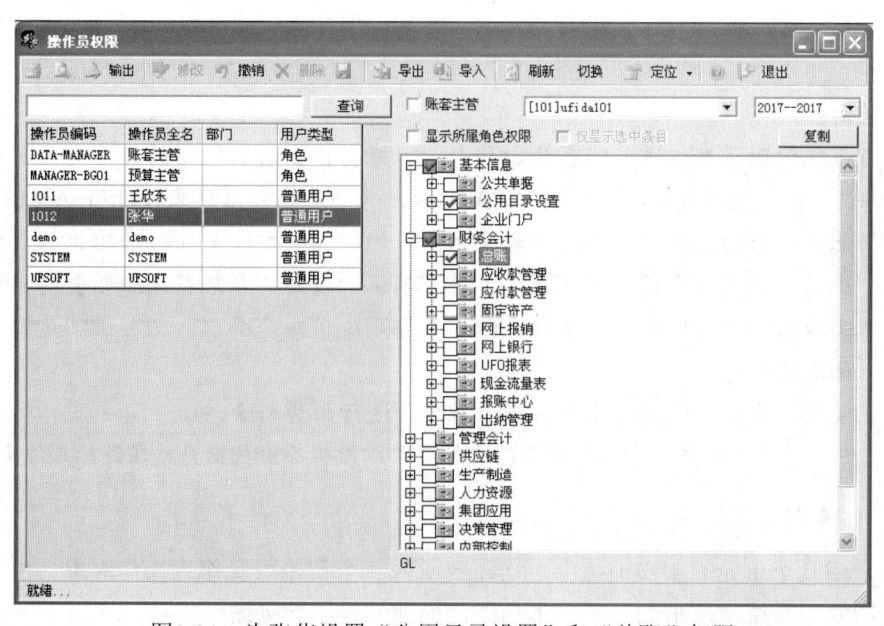

图1-31　为张华设置"公用目录设置"和"总账"权限

提示:
- 只有系统管理员才有权设置或取消账套主管。而账套主管只有权对所辖账套的操作员进行权限设置。
- 设置权限时应注意先分别选中要赋权的"账套"及相应的"用户"。

5. 账套输出

账套备份的工作应由系统管理员在系统管理中的"账套"→"输出"功能中完成。

（1）在C盘根目录下新建一个文件夹，文件夹的名称为考生准考证后7位数字。例如：考生的准考证号为0241078610024000532，则考生文件夹名为4000532。在其目录下新建"X1_01"文件夹。

（2）由系统管理员注册系统管理，执行"账套"→"输出"命令，打开"账套输出"对话框。

（3）单击"账套号"栏的下三角按钮，选择"[101]ufida101"，在输出文件位置选择"C:\4000532\X1_01\"，如图1-32所示。

（4）单击"确认"按钮，系统将进行账套数据输出，完成后会弹出"输出成功"信息提示框，单击"确定"按钮返回。

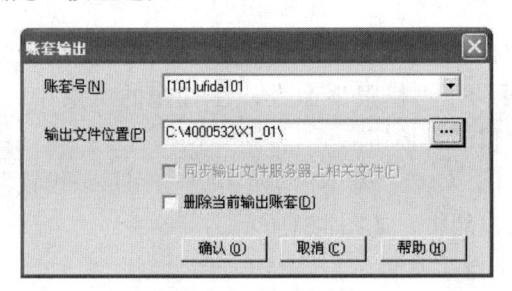

图1-32 账套输出

提示:
- 只有系统管理员有权进行账套输出和引入。账套输出后在指定的文件夹内输出两个文件，一个是账套数据文件UFDATA.BAK，一个是账套信息文件UfErpAct.Lst。
- 利用账套输出功能还可以进行"删除账套"的操作。方法是在账套输出对话框中勾选"删除当前输出账套"复选框，单击"确认"按钮，系统在删除账套前同样要进行账套输出，当输出完成后系统提示"真要删除该账套吗？"，单击"是"按钮则可以删除该账套。
- 正在使用的账套可以进行账套输出而不允许进行账套删除。
- 备份账套时应先建立一个备份账套的文件夹，以便将备份数据存放在目标文件夹中。

6. 账套引入

在之后几个单元的实操训练中，均需要引入一个初始账套作为操作对象。由于引入账套功能属于系统管理中的一项基本功能，因此安排于此处统一介绍。

账套引入的工作必须由系统管理员在系统管理中的"账套"→"引入"功能中完成。

（1）由系统管理员登录系统管理，执行"账套"→"引入"命令，打开"请选择账套备份文件"对话框，如图1-33所示。

图1-33 "请选择账套引入的目录"对话框

（2）选择账套备份文件所在位置，本题假设为"E:\101账套备份\X1_01\UfErpAct.Lst"文件。

（3）单击"确定"按钮，系统弹出"请选择账套引入的目录"信息提示框，如图1-34所示。

图1-34 "请选择账套引入的目录"信息提示框

（4）单击"确定"按钮，打开"请选择账套引入的目录"对话框，如图1-35所示，单击"确定"按钮，弹出系统提示"此操作将覆盖[101]账套当前的信息，继续吗？"，如图1-36所示。

（5）单击"是"按钮，系统自动进行引入账套的工作。

（6）完成后，弹出系统提示"账套[101]引入成功！"，如图1-37所示，单击"确定"按钮返回。

🏷 提示：
- 如果引入账套时系统中不存在101账套，则系统不会出现是否覆盖信息提示，直接进行账套引入。
- 如果在图1-36中单击"否"按钮，返回系统管理，不做账套引入。

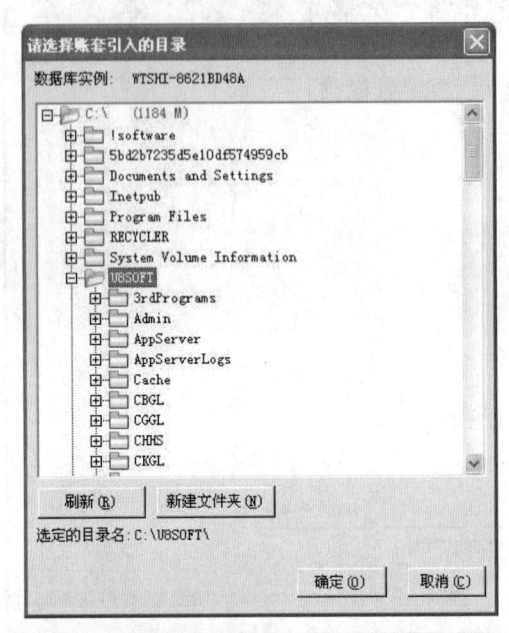

图1-35 "请选择账套引入的目录"对话框

图1-36 账套覆盖提示

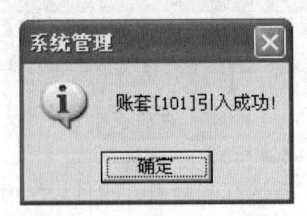

图1-37 引入成功提示

第2章 基础档案设置

在上一章"系统管理"中,已经为通达机械在用友U8中建立了企业核算账套,增加了用户并赋予了相应权限。但企业建账完成后只是在数据库管理系统中为通达机械建立了一个新的数据库,用来存放企业即将录入的各种业务数据。当经济业务发生时,企业要进行正确的记录和计量,还需要用到很多基础档案信息,如收款要涉及客户、报销要涉及部门和人员、录入凭证要用到凭证类型和会计科目等等。因此,必须事先建立这些基础档案才能开始日常业务处理。

本章主要内容
- 理解基础档案的作用
- 设置各项基础档案

评分细则

本章分值为18分,设10个评分点,评分点、分值、得分条件及判分要求如下。

序号	评分点	分值	得分条件	判分要求
1	部门档案	1	设置部门档案正确	部门编码、名称设置正确
2	人员档案	1	设置人员档案正确	人员编码、名称等各项信息设置正确
3	客户分类/供应商分类	1	客户或供应商分类正确	客户或供应商分类各项信息设置正确
4	客户档案/供应商档案	1	客户或供应商档案正确	客户或供应商档案各项信息设置正确
5	外币设置	2	外币设置正确	币符、币名、记账汇率正确
6	会计科目	3	增加会计科目、修改会计科目、指定会计科目设置正确	与要求结果一致
7	设置凭证类别	2	正确设置凭证类别	凭证类别分类、限制类型设置正确
8	设置项目档案	4	正确设置项目档案	项目大类、核算科目、项目分类、项目档案设置正确
9	设置结算方式	2	正确设置结算方式	结算方式编码、名称、是否票据管理设置正确
10	设置常用摘要	1	设置正确	编码及内容均正确

本章导读

综上所述,我们明确了本章所要求掌握的技能考核点以及对应《试题汇编》单元的评分点、分值、得分条件和判分要求等。本章结构及逻辑框架为：
- 样题示范：展示《试题汇编》中的一道真题。
- 基本认知：概括介绍本章考核内容对应的U8子系统的主要功能。
- 技能解析：详细讲解本章中涉及到技能考核点和相关知识点。
- 样题解答：给出真题的详细操作指导。

2.1 样题示范

【练习目的】
从《试题汇编》中选取样题，了解本章题目类型，掌握本章重点技能点。

【样题来源】
《试题汇编》第2单元2.1题（随书光盘中提供了本样题的操作视频）。

【操作要求】
在考生文件夹下新建一个文件夹，命名为X2_01。

以系统管理员身份登录系统管理，引入C:\2016U8soft\Unit2文件夹下的账套文件Y2_01。

以账套主管"1011王欣东"（密码为011）的身份，登录U8企业应用平台，登录日期为"2017-01-01"，进行以下基础档案设置。

1. 部门档案

部门编码	部门名称
1	总经办
2	财务部
3	采购部
4	销售部
5	生产部

2. 人员档案

人员编码	人员姓名	性别	雇佣状态	人员类别	行政部门	是否业务员	是否操作员
001	张华	男	在职	正式工	财务部	是	否
002	纪群	女	在职	正式工	销售部	是	否

3. 客户分类

客户分类编码	客户分类名称
01	本地客户
02	外地客户

4．客户档案

客户编号	客户名称	客户简称	客户分类
001	新淮动力机厂	新淮	外地客户
002	江城精密仪器有限公司	江城	外地客户

5．外币设置

本企业采用固定汇率核算外币，外币只涉及美元一种，美元币符为"$"，2017年1月初的汇率为6.2。

6．会计科目

（1）增加会计科目

科目编号	科目名称	辅助核算
100201	工行存款	日记账、银行账
222101	应交增值税	
22210101	进项税额	
22210105	销项税额	
660201	办公费	部门核算
660202	差旅费	部门核算

（2）修改会计科目

将"1122应收账款"设置为"客户往来"辅助核算。

将"1221其他应收款"设置为"个人往来"辅助核算。

将"1604在建工程"设置为"项目核算"辅助核算。

（3）指定会计科目

指定"1001库存现金"为现金科目，指定"1002银行存款"为银行科目。

7．设置凭证类别

设置凭证类别分类方式为"记账凭证"，无限制条件。

8．设置项目档案

（1）增加项目大类

增加名称为"工程"、级次及项目结构均为默认参数的项目大类。

（2）指定项目核算科目

指定"1604在建工程"科目为"工程"项目大类的核算科目。

（3）项目分类定义

增加分类编码为"1"、分类名称为"家属楼"的项目分类。

增加分类编码为"2"、分类名称为"办公楼"的项目分类。

（4）项目目录

项目编号	项目名称	所属分类码
01	1号楼	1
02	2号楼	1

9. 设置结算方式

结算方式编码	结算方式名称	票据管理
1	现金结算	否
2	支票结算	否
201	现金支票	是
202	转账支票	是

10. 设置常用摘要

设置摘要编码为"01"、摘要内容为"报销交通费用"的常用摘要，无需输入相关科目。

11. 输出账套

将操作结果输出至"考生文件夹\X2_01"文件夹中。

2.2 基本认知

2.2.1 认识企业应用平台

基础档案设置工作是在U8企业应用平台（如图2-1所示）中完成。顾名思义，企业应用平台是用友U8的集成应用平台，是用户、合作伙伴访问U8系统的唯一入口。

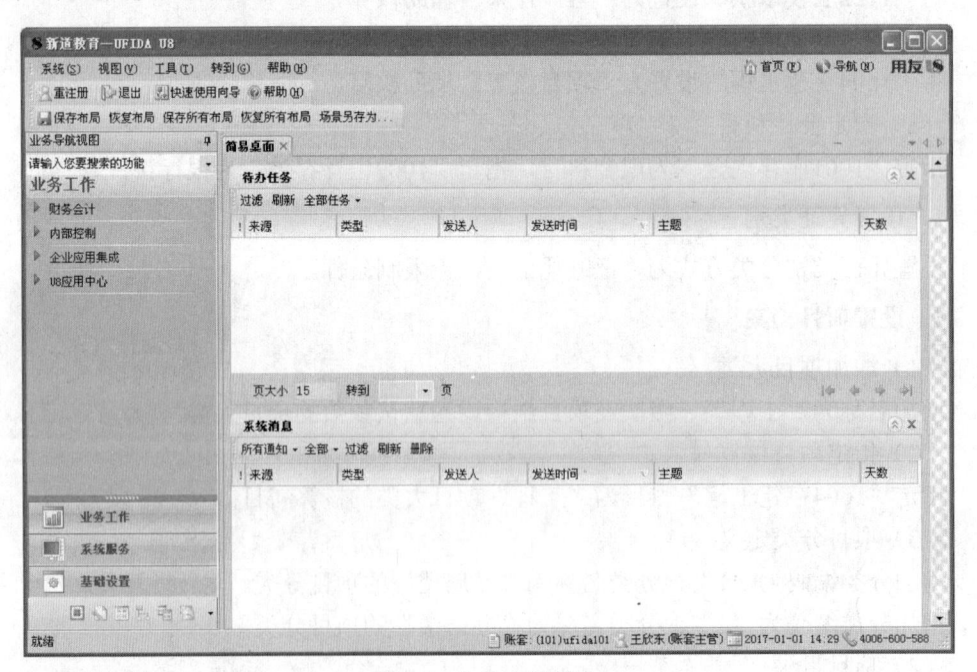

图2-1 企业应用平台

按照不同的用途，企业应用平台中划分了三个功能组：系统服务、基础设置和业务工作。这三个功能组的主要功能如图2-2所示。

图2-2　企业应用平台主要功能

1．系统服务

系统服务主要是为系统安全正常运行而设，主要包括系统管理、服务器配置、工具和权限。

系统管理提供了从企业应用平台启动系统管理模块的通道；服务器配置用于配置U8应用服务器的位置；工具为U8与外部系统接口、U8数据传输提供了便捷处理方式；权限中可以对数据权限进行控制设置、进行数据权限和金额权限的分配、功能权限转授和工作任务委托。

2．基础设置

基础设置主要是设置用友U8各模块公用的基本信息、基础档案、单据设计等。

（1）基本信息

在基本信息中可以对企业建账过程中设定的会计期间、编码方案和数据精度进行修改，还可以进行U8子系统启用设置。

系统启用是指设定在用友U8中各个子系统开始使用的日期。只有设置为启用的子系统才可以登录。

（2）基础档案

每个企业选购的是U8中不同的子系统，这些子系统共享基础档案信息，基础档案是U8系统运行的基石。企业在启用新账套之初，应根据本单位的实际情况及业务需求，进行基础档案的整理工作，并正确录入系统。

设置基础档案的前提是先确定基础档案的分类编码方案。基础档案的设置必须要遵循分类编码方案中所设置的级次及各级编码长度的规定。按照基础档案的用途不同，系统将基础档案划分为机构人员、客商信息、存货、财务、收付结算等类。本章先介绍机构人员、客商信息和存货，财务及收付结算信息在"总账初始化"一节中介绍。

由于企业基础数据之间存在前后承接关系（如必须在设置客户分类的基础上再设置

客户档案），因此，基础档案的设置应遵从一定的顺序。

（3）单据设置

单据是企业经济业务发生的证明，如代表货物发出的销售发货单、代表材料入库的采购入库单、还有购销业务中的专用发票等。单据设置包括单据格式设置、单据编号设置和单据打印控制。

不同企业各项业务处理中使用的单据可能存在细微的差别，用友U8管理软件中预置了常用单据模板，允许用户对各单据类型的多个显示模板和多个打印模板进行设置，以满足企业个性化的单据格式需求。单据编号是单据的标识，U8系统默认单据采取流水编号。如果企业根据业务需要有特定的编号规则，可以设置为手工编号方式。

3．业务工作

业务工作中集成了登录用户拥有操作权限的所有功能模块，它们分类归属于各功能组中。企业应用平台为企业用户提供了进入用友U8的唯一入口。

本章主要讲述基础设置，基础设置中重点讲述基础档案设置。

2.2.2 基础档案设置注意事项

1．整理基础档案

按照通达机械财务信息化目标，结合U8软件设计原理，需要准备的基础档案如表2-1所示。

表2-1 基础档案的整理

基础档案分类	基础档案目录	档案用途	前提条件	考核点
机构人员	部门档案	设置与企业财务核算与管理有关的部门	先设置部门编码方案	※
	人员类别	按人员类别设置工资分摊、费用分配的对应科目		
	人员档案	设置企业职工信息	先设置部门档案和人员类别	※
客商信息	客户分类	便于进行业务数据的统计、分析	先确定对客户分类然后确定编码方案	※
	客户档案	便于进行客户管理和业务数据的录入、统计、分析	先建立客户分类档案	※
	供应商分类	便于进行业务数据的统计、分析	先确定对供应商分类然后确定编码方案	※
	供应商档案	便于进行供应商管理和业务数据的录入、统计、分析	先建立供应商分类档案	※
	地区分类	针对客户/供应商所属地区进行分类，便于进行业务数据的统计、分析		※
财务	会计科目	设置企业核算的科目目录	先设置科目编码方案及外币	※
	凭证类别	设置企业核算的凭证类型		※

续表

基础档案分类	基础档案目录	档案用途	前提条件	考核点
财务	外币设置	设置企业用到的外币种类及汇率		※
	项目目录	设置企业需要对其进行核算和管理的对象、目录	可将存货、成本对象、现金流量直接作为核算的项目目录	※
收付结算	结算方式	资金收付业务中用到的结算方式		※
	付款条件	设置企业与往来单位协议规定的收、付款折扣优惠方法		
	本单位开户银行	设置企业在收付结算中对应的开户银行信息		
其他	常用摘要	设置填制凭证时常用的经济业务说明		

2．录入基础档案注意事项

（1）档案编码要符合事先设定的编码规则

录入各项基础档案时，一般编码为必输项，在U8系统中编码是该项档案的唯一标识。输入编码时需要遵守事先设定的分类编码规则，该规则在企业建账过程中设定，在企业应用平台"基本信息"→"编码方案"中可以进行修改。

编码规则在档案录入界面中有提示。例如"编码规则：＊＊＊"说明该项档案设置了两级编码，第一级编码1位，第二级编码2位。

（2）要注意档案建立的先后顺序

各项基础档案之间存在逻辑关联，如果设置了需要分类，那么需要先建立相关分类再设置档案。例如，如果设置了客户需要分类，那么必须先建立客户分类，在客户分类下再建立客户档案，供应商分类及档案也是如此。

另外，需要先建立部门，才能在部门中建立人员档案。

（3）先建立上级档案再建立下一级档案

如果档案设置了分类编码级次，那么建立档案时，需要先建立上级档案再建立其下一级档案。

删除该档案时，需要先删除下一级档案，再删除上一级档案。

2.3 技能解析

2.3.1 机构人员

机构人员中主要包括部门档案、人员档案等。

1．部门档案

在会计核算中，通常会将数据按部门逐级进行分类和汇总，下一级将自动向有隶属关系的上一级进行汇总。部门档案就是设置会计科目中要进行部门核算时的部门名称，以及要进行个人往来核算的职员所属的部门，如图2-3所示。

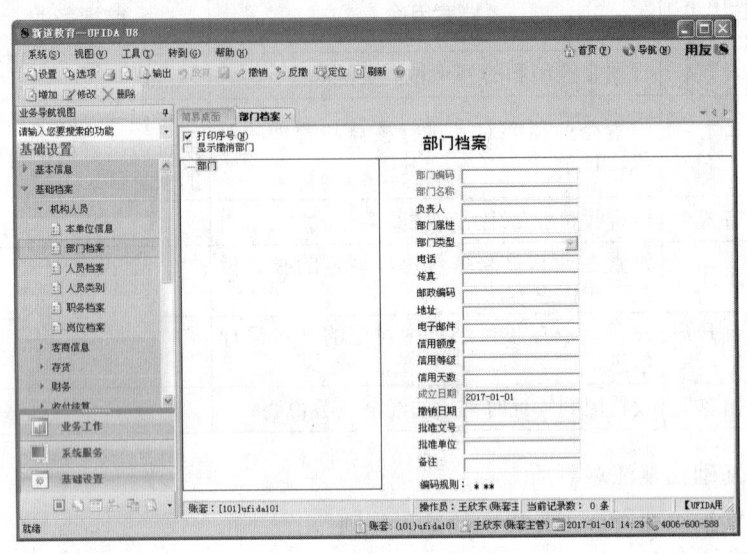

图2-3 部门档案

录入部门档案时需要输入以下关键信息：
（1）部门编码：必须录入，必须唯一，且必须符合编码级次原则。
（2）部门名称：必须录入。
（3）成立日期：指部门的成立时间，默认为当前登录时间。

2．人员档案

人员档案主要用于记录本企业职工的个人信息。设置人员档案的作用一是为总账中个人往来核算和管理提供基础档案；二是为薪资管理系统提供人员基础信息。企业全部的人员均需在此建立档案，如图2-4所示。

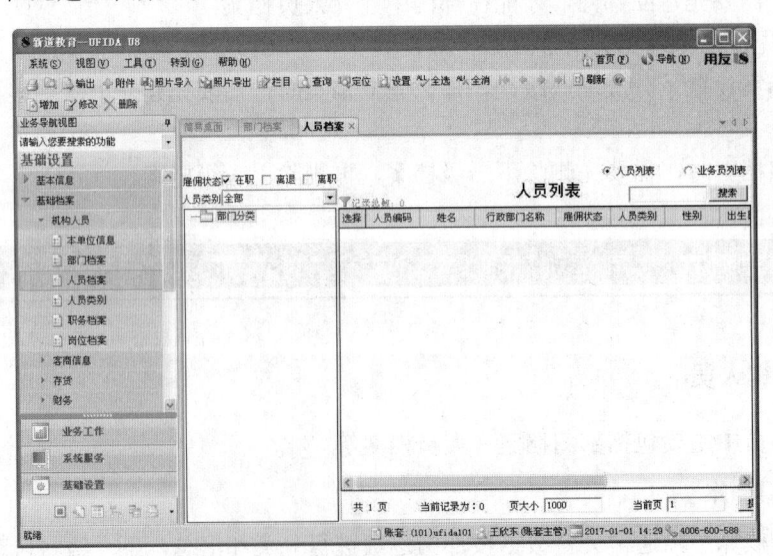

图2-4 人员档案

录入人员档案时需要输入以下关键信息：

（1）人员编码：必须录入，必须唯一。

（2）人员名称：必须录入，可以重名。

（3）性别：必须录入，从下拉列表中进行选择。

（4）行政部门：选择该职员所属的行政部门，参照部门档案。

（5）雇佣状态：系统预置了在职、离退、离职三种。

（6）人员类别：必须录入，参照人员类别档案。

（7）生效日期：作为业务员时可操作业务产品的日期，默认为建立人员时的登录日期，可修改。

（8）业务及费用归属部门：指该业务员发生业务费用时需要归集的业务部门，参照部门档案，只能输入末级部门。

2.3.2 客商信息

客商信息中主要包括客户分类、供应商分类、客户档案、供应商档案等。

1．客户分类/供应商分类

如果企业客户很多，或者需要按照某种分类对客户进行统计，则需要对客户进行分类，如图2-5所示。是否对客户进行分类在企业建账过程中已经进行设置。如果设置了需要对客户进行分类，那么必须先建立客户分类，才能在客户分类中建立客户档案；如果没有对客户进行分类，可以直接建立客户档案。

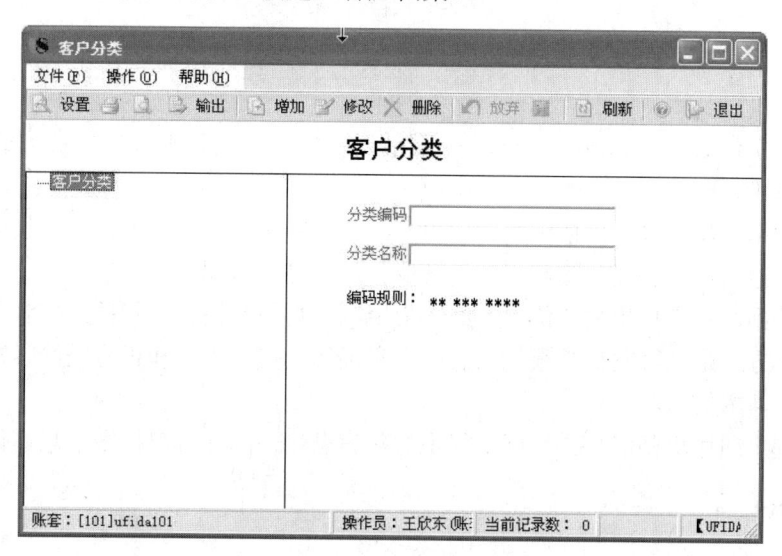

图2-5 客户分类

供应商分类同理。

2．客户档案/供应商档案

相对于手工管理环境，作为一个财务与业务集成管理的信息系统，U8中的基础档案包含了更为丰富的管理信息。客户档案（如图2-6所示）是企业的一项重要资源，手工管理方式下,客户信息一般掌握在业务员手中,业务员所掌握的客户信息一般包括客户名称、联系人、电话等基本信息。企业建立会计信息系统时,需要全面整理客户资料并录入系统,以便有效地管理客户、服务客户。客户信息包括以下几个方面的内容:

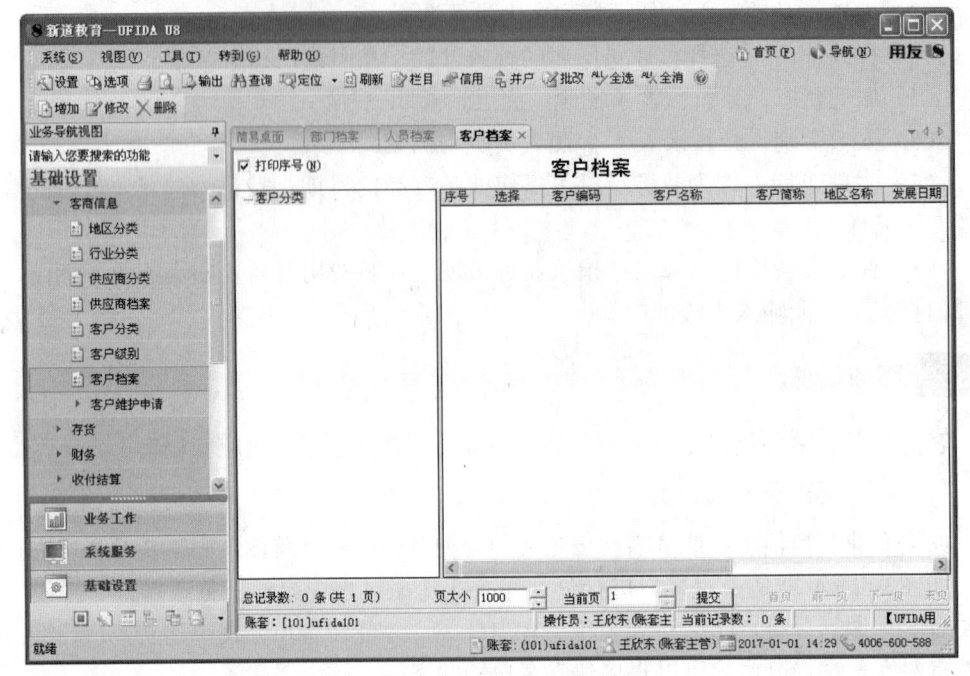

图2-6 客户档案

- 基本信息:包括客户编码、客户名称、客户简称、税号、开户银行、银行账号等。
- 联系信息:包括地址、邮编、联系人、电话、发货地址、发货方式、发货仓库等。
- 信用信息:包括价格级别、信用等级、信用额度、付款条件、应收余额等。
- 其他信息:包括分管部门、分管业务员、停用日期等。

我们看到,与客户相关的信用等级、信用额度是与赊销管理相关的控制信息;发货仓库、发货方式是销售发货必须的信息;客户银行、银行账号和税号是给客户开具销售发票必须的基本信息。

本教程中通达机械信息化目标仅仅是财务信息化,因此客户档案信息简化处理。

2.3.3 财务

财务中包括外币设置、会计科目、凭证类别、项目目录等,是基础档案中既重要又需要灵活运用的一类档案。

1. 外币设置

企业如果有外币核算业务,需要事先进行外币及汇率的设置,如图2-7所示。此后,在填制凭证时如果使用了外币核算科目,系统会自动调用在此处设置的汇率,既避免了用户重复录入汇率，也有效降低了差错的发生率。

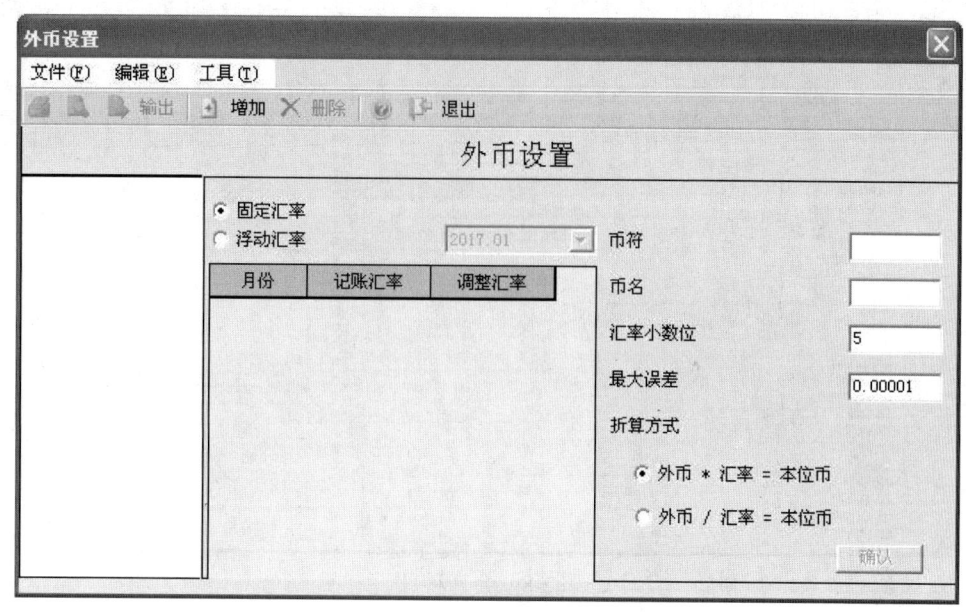

图2-7 外币设置

外币设置时需要定义以下项目。

(1) 币符及币名：即定义外币的表示符号及其中文名称。

(2) 汇率小数位：定义外币的汇率小数位数。

(3) 折算方式：分为直接汇率与间接汇率两种。直接汇率即"外币×汇率=本位币"，间接汇率即"外币÷汇率=本位币"。

(4) 外币最大误差：在记账时，如果外币×（或÷）汇率-本位币>外币最大误差，则系统会给予提示。系统默认最大折算误差为0.00001，即不相等时就提示。

(5) 固定汇率与浮动汇率：对于使用固定汇率（即使用月初或年初汇率）作为记账汇率的用户，在填制每月的凭证前，应预先在此录入该月的记账汇率，否则在填制该月外币凭证时，将会出现汇率为零的错误。对于使用变动汇率（即使用当日汇率）作为记账汇率的用户，在填制凭证的当天，应预先在此录入当日的记账汇率。

提示：
- 这里的汇率管理只提供录入汇率的功能，而制单时是使用固定汇率还是浮动汇率则取决于总账系统选项的定义。
- 如果使用固定汇率，则应在每月月初录入记账汇率（即期初汇率），月末计算汇兑损益时录入调整汇率（即期末汇率）；如果使用浮动汇率，则应每天在此录入当日汇率。

2．会计科目

设置会计科目是会计核算方法之一，它用于分门别类地反映企业经济业务，是登记账簿、编制会计报告的基础，如图2-8所示。用友U8中预置了现行会计制度规定的一级会计科目，企业可根据本单位实际情况修改科目属性并补充明细科目。

图2-8 会计科目

(1) 会计科目设置的原则

设置会计科目时应注意：

①会计科目的设置必须满足会计报表编制的要求，凡是报表所用数据，需从系统取数的，必须设立相应科目。

②会计科目要保持相对稳定。

③设置会计科目要考虑各子系统的衔接。在总账系统中，只有末级会计科目才允许有发生额，才能接收各子系统转入的数据。因此，要将各子系统中的核算科目设置为末级科目。

(2) 会计科目设置的内容

①科目编码：应是科目全编码，各级科目编码必须唯一，且必须按其级次的先后次序建立，即先有上级科目，然后才能建立下级科目。科目编码的一级科目编码必须符合现行的会计制度。

②科目名称：是指本级科目名称，科目中文名称必须录入。

③科目类型：是指会计制度中规定的科目类型，按照科目编码的第1位数字系统自动判断：1-资产，2-负债，3-共同，4-权益，5-成本，6-损益。

④账页格式：定义科目在查询及打印时的格式。系统提供金额式、外币金额式、数量金额式、外币数量式供选择。

⑤助记码：用于帮助记忆科目。

⑥外币核算：选中该选项，代表该科目核算外币，必须从币种下拉列表中选择外币种类。

⑦数量核算：选中该选项，代表该科目核算数量，需要人工输入数量计量单位。

⑧科目性质：指科目的余额方向。只能为一级科目设置余额方向，下级科目的余额

方向与上级科目保持一致。

⑨辅助核算：是否对该科目设置部门核算、客户往来、供应商往来、个人核算和项目核算。

⑩其他核算。

- 日记账：是否需要对该科目记日记账。库存现金科目需要选中该项。其他科目若有必要，也可以设置序时登记。
- 银行账：是否需要对该科目进行对账管理。银行存款科目需要选中日记账和银行账。

（3）会计科目辅助核算设置

一般来说，为了充分体现计算机管理的优势，应在企业原有的会计科目基础上，对以往的一些科目结构进行优化调整，而不是完全照搬照抄。如当企业规模不大，往来业务较少时，可采用和手工方式一样的科目结构及记账方法，即通过将往来单位、个人、部门、项目设置明细科目来进行核算管理；而对于一个往来业务频繁、清欠和清理工作量大、核算要求严格的企业来说，应该采用总账系统提供的辅助核算功能进行管理，即将这些明细科目的上级科目设为末级科目，并设为辅助核算科目，将这些明细科目设为相应的辅助核算目录。一个科目设置了辅助核算后，它所发生的每一笔业务都将会登记在总账和辅助明细账上。

例如，未使用辅助核算功能时，可将科目设置为：

科目编码	科目名称
1122	应收账款
112201	新淮
112202	江城
……	
1221	其他应收款
122101	差旅费应收款
12210101	杨文
12210102	刘红
……	
6001	主营业务收入
660101	机床
660102	车床
……	
6602	管理费用
660201	办公费
66020101	企管部
66020102	财务部
……	

启用总账系统的辅助核算功能进行核算时，可将科目设置为：

科目编码	科目名称	辅助核算
1122	应收账款	客户往来
1221	其他应收款	
122101	差旅费应收款	个人往来
6601	主营业务收入	项目核算
6602	管理费用	
660201	办公费	部门核算

一个科目设置了辅助核算后,它发生的每一笔业务都将会登记在总账和辅助明细账上。

(4) 指定会计科目

指定会计科目是指定出纳的专管科目,一般指现金科目和银行存款科目。指定科目后才能执行出纳签字,从而实现现金、银行管理的保密性,才能查看现金、银行存款日记账。

3. 凭证类别

在手工环境下,企业多采用收、付、转三类凭证或银、现、转三类凭证,还有划分为银收、银付、现收、现付、转五类凭证的,当然,还有更复杂的分类。为什么要对凭证分类呢?其深层原因在于不同类别的凭证可以印制成不同的颜色,这样有些凭证只需要填写对方科目,节省了书写的工作量;另一个原因是便于分类统计汇总。仔细探究这两个原因不难看出,转换到计算机环境后,以上两个问题已经不是问题了,因此不再需要对凭证进行分类。

在信息化环境下,如果有多种凭证分类,为了防止填制凭证时将凭证类别选错,系统一般都会提供限制类型及限制科目功能,如借方必有、贷方必有、凭证必有、凭证必无、借方必无、贷方必无等,如图2-9所示。对于收款凭证可以设置为"借方必有1001、1002";付款凭证可以设置为"贷方必有1001、1002";转账凭证可以设置为"凭证必无1001、1002";现金凭证可以设置为"凭证必有1001";银行凭证可以设置为"凭证必有1002"。

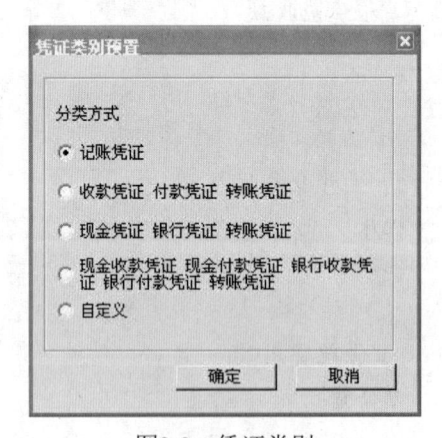

图2-9 凭证类别

4. 项目目录

项目可以是工程、订单或产品,总之,我们可以把需要单独计算成本或收入的这样一种对象都视为项目。在企业中通常存在多种不同的项目，对应地，在软件中可以定义多类项目核算，并可将具有相同特性的一类项目定义为一个项目大类。为了便于管理，还可以对每个项目大类进行细分类，在最末级明细分类下再建立具体的项目档案。为了在业务发生时将数据准确归入对应的项目，需要在项目和已设置为项目核算的科目间建立对应关系。只要遵循以下的提示就可以快速建立项目档案，如图2-10所示。

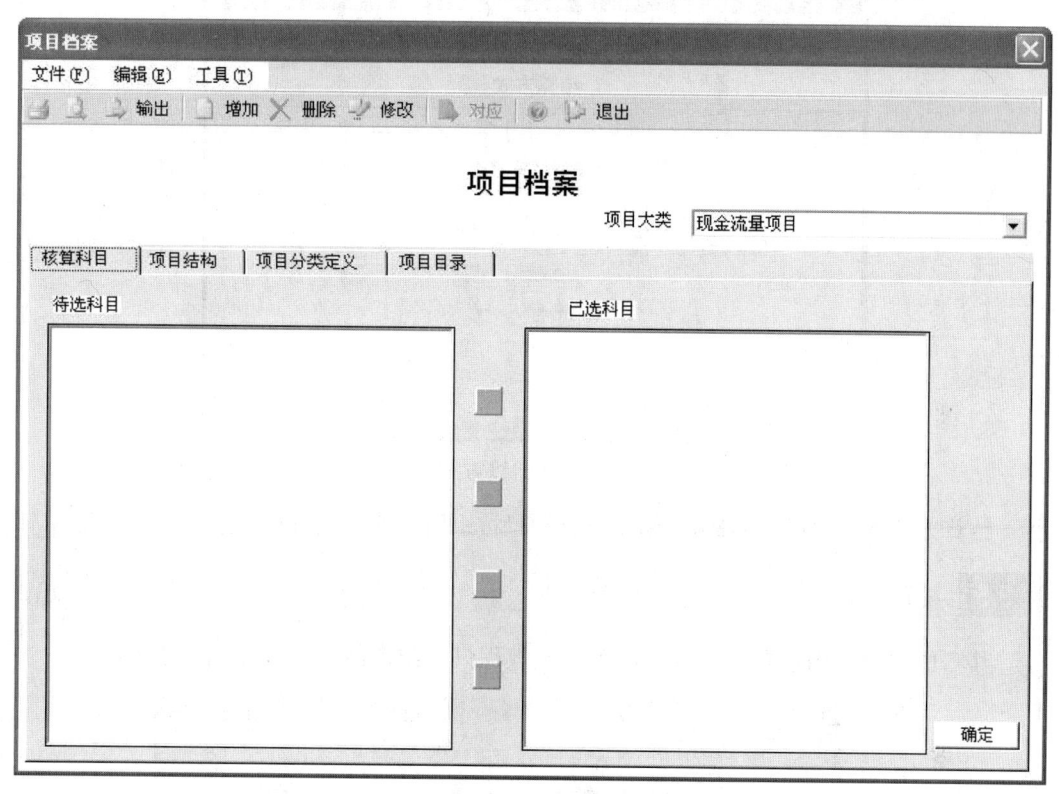

图2-10　项目目录

（1）定义项目大类。定义项目大类包括指定项目大类名称、定义项目级次和定义项目栏目三项工作。项目级次是该项目大类下所管理的项目的级次及每级的位数。项目栏目是针对项目属性的记录。如定义项目大类"工程"，工程下又分了一级，设置1位数字即可，工程要记录的必要内容如"工程号""工程名称""负责人""开工日期""完工日期"等可作为项目栏目。

（2）指定核算科目。指定设置了项目辅助核算的科目具体要核算哪一个项目，建立项目与核算科目之间的对应关系。

（3）定义项目分类。如将工程分为"自建工程"和"外包工程"。

（4）定义项目目录。定义项目目录是将每个项目分类中所包含的具体项目录入系统。具体每个项目录入哪些内容取决于项目栏目的定义。

2.3.4　收付结算

收付结算中主要包括结算方式、付款条件等。因为目前通达机械只启用了总账系统，因此收付结算中只显示结算方式一个项目。

结算方式（如图2-11所示）用来建立和管理用户在经营活动中对外进行收付结算时所使用的结算方式。它与财务结算方式一致，如现金结算、支票结算等。银企对账时，结算方式也是系统自动对账的一个重要参数。

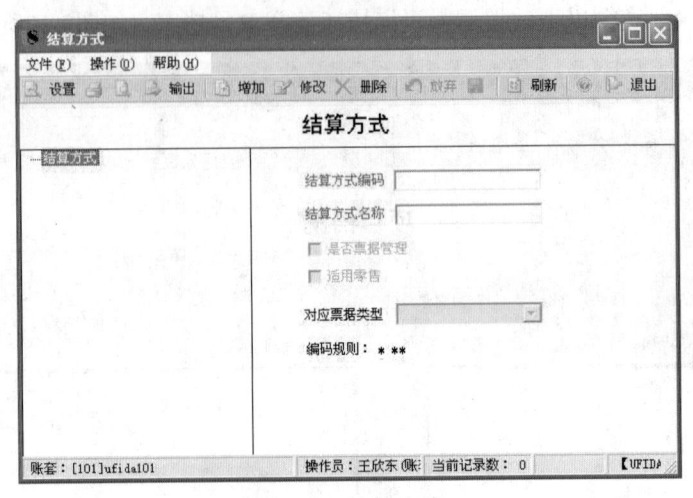

图2-11 结算方式

结算方式最多可以分为2级。结算方式一旦被引用，便不能进行修改和删除的操作。

2.3.5 其它

其它中包括常用摘要、自定义项等。本教程只介绍常用摘要，如图2-12所示。

图2-12 其它 - 常用摘要

由于经济业务的重复性，在日常填制凭证的过程中，经常会反复用到许多相同的摘要，为了提高凭证的录入速度，可以将这些经常使用的摘要预先设置下来，而在填制凭证时可以随时调用这些摘要，这样就会提高我们处理业务的效率。

2.4 样题解答

以系统管理员身份登录系统管理，引入C:\2016U8soft\Unit2文件夹下的账套文件Y2_01。

1. 以账套主管身份登录企业应用平台

（1）执行"开始"→"所有程序"→"用友U8V10.1"→"企业应用平台"命令，打开"登录"对话框。

（2）录入操作员"1011"，密码"011"，单击"账套"栏的下三角按钮，选择"[101](default)ufida101"，操作日期设置为"2017-01-01"，如图2-13所示。

图2-13 以账套主管身份登录企业应用平台

（3）单击"登录"按钮，进入"企业应用平台"窗口，如图2-14所示。

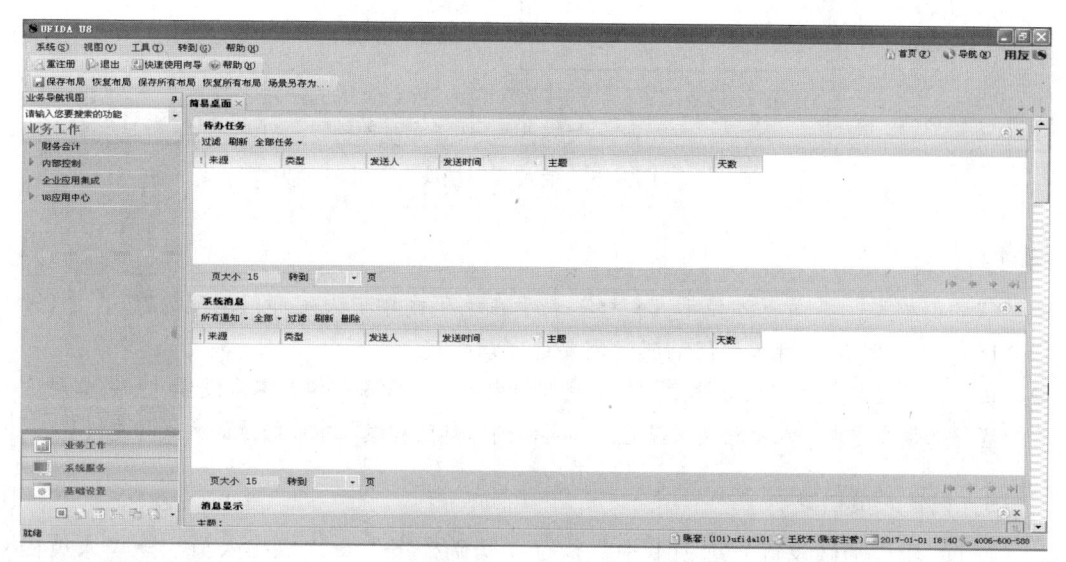

图2-14 企业应用平台

2. 设置部门档案

（1）在"基础设置"选项卡中，执行"基础档案"→"机构人员"→"部门档案"命令，打开"部门档案"界面。

（2）单击"增加"按钮，录入部门编码"1"、部门名称"总经办"。

（3）单击"保存"按钮。以此方法依次录入其他的部门档案。完成后，如图2-15所示。

（4）关闭"部门档案"界面。

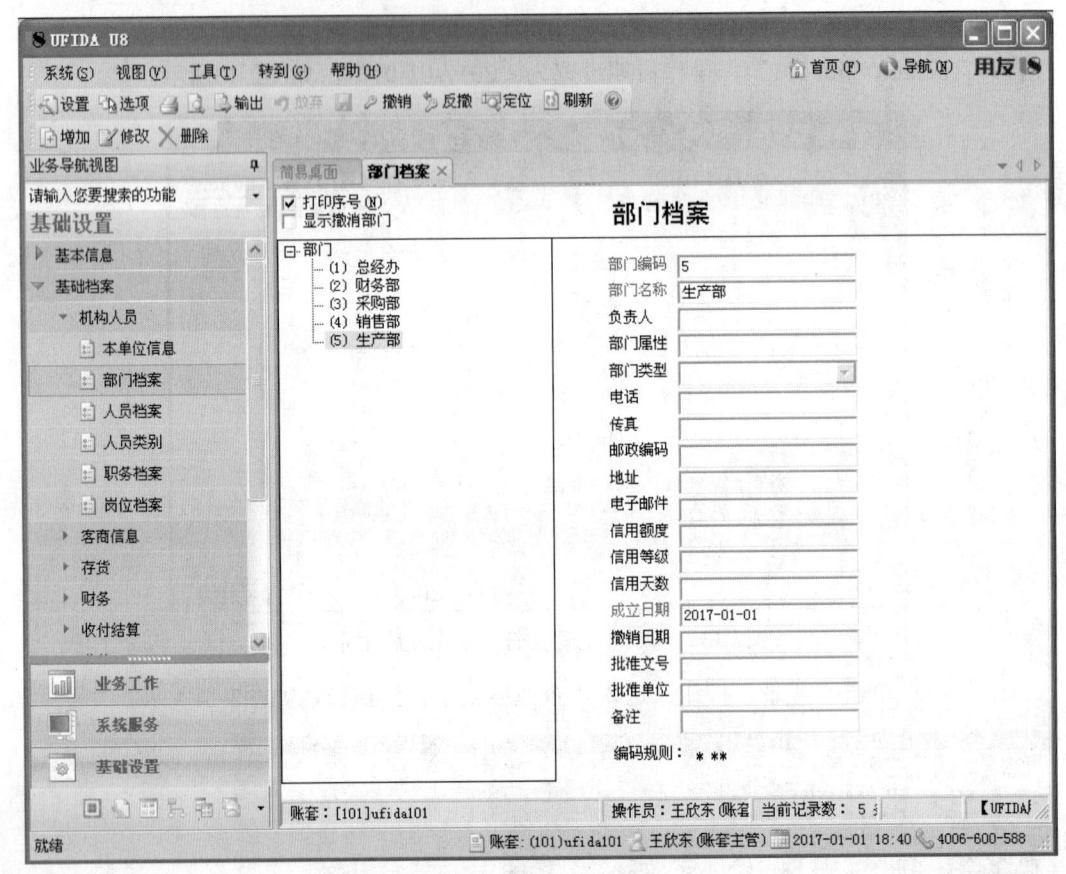

图2-15 录入部门档案

![提示：]

- "部门档案"界面下方显示"＊ ＊＊"表示在编码方案中设定部门编码为2级，第1级1位，第2级2位。输入部门编码时需要遵守该规定。
- 由于此时还未设置"人员档案"，因此部门中的"负责人"暂时不能设置。如果需要设置，必须在完成"人员档案"设置后，再回到"部门档案"中以修改的方式补充设置。

3. 设置人员档案

（1）在"基础设置"选项卡中，执行"基础档案"→"机构人员"→"人员档案"命令,进入"人员档案"界面。

(2)单击左侧"部门分类"下的"财务部"。单击"增加"按钮,按题目要求输入人员档案信息,如图2-16所示。单击"保存"按钮。

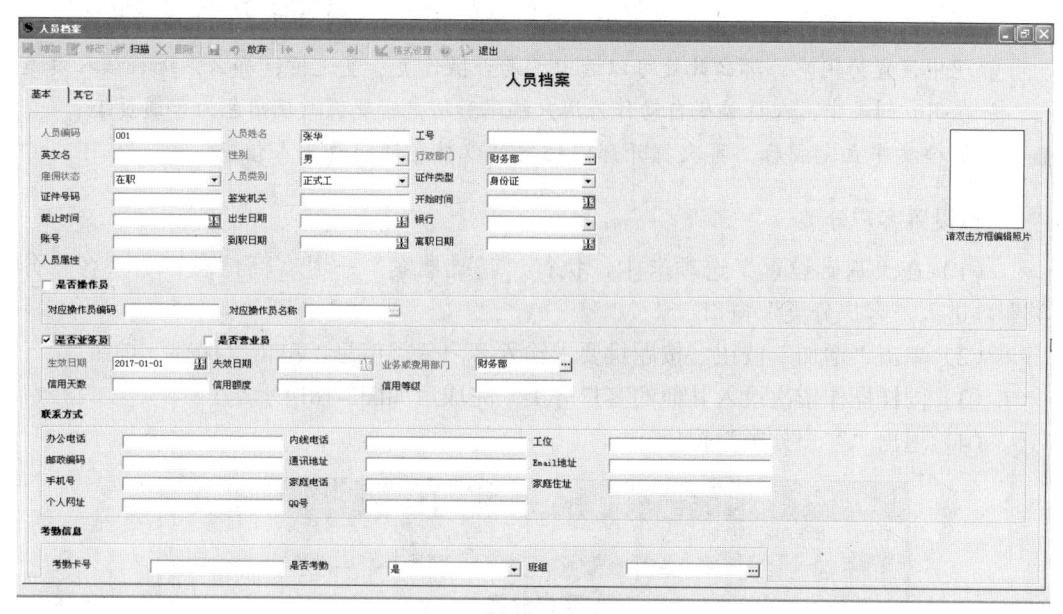

图2-16 增加人员档案

(3)同样操作依次输入其他人员档案。全部录入完成后返回"人员档案"界面,单击左侧的"部门分类",人员列表中将显示所有已增加的人员档案,如图2-17所示。

(4)关闭"人员档案"界面。

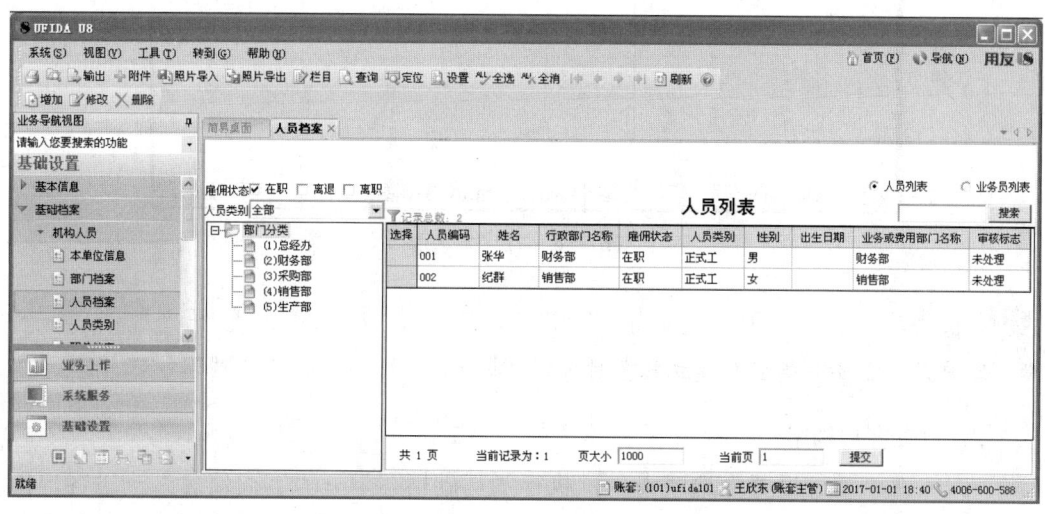

图2-17 人员列表

提示:

● 人员编码必须唯一,行政部门只能是末级部门。

- 如果该员工需要在其他档案或单据的"业务员"项目中被参照,需要选中"是否业务员"选项。
- 是否操作员是设定该人员是否可操作U8产品。有两种可能,一种是在系统管理中已经将该人员设置为用户,此处无需再选中该选项。另一种情况是该人员没有在系统管理中设置为用户,那么此处可以选中"是否操作员"复选框,那么系统将该人员追加在用户列表中,人员编码自动作为用户编码和用户密码,所属角色为普通员工。
- 人员档案建立完成后,再次打开部门档案可以补充部门负责人信息。

4. 设置客户分类

(1)在"基础设置"选项卡中,执行"基础档案"→"客商信息"→"客户分类",进入"客户分类"窗口。

(2)单击"增加"按钮,按题目要求输入客户分类信息,单击"保存"按钮。

(3)同样操作依次录入其他的客户分类。完成后如图2-18所示。

(4)退出"客户分类"窗口。

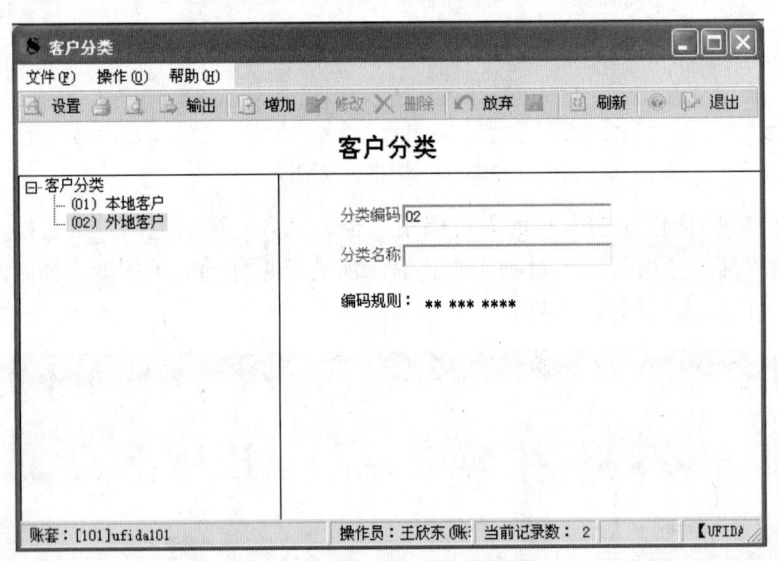

图2-18 客户分类

提示:
- 客户是否需要分类应在建立账套时确定。

5. 设置客户档案

(1)在"基础设置"选项卡中,执行"基础档案"→"客商信息"→"客户档案"命令,打开"客户档案"界面,如图2-19所示。界面分为左右两部分,左侧显示已经设置的客户分类,单击鼠标选中"外地客户"客户分类,右侧中显示该分类下所有的客户列表。

第2章　基础档案设置

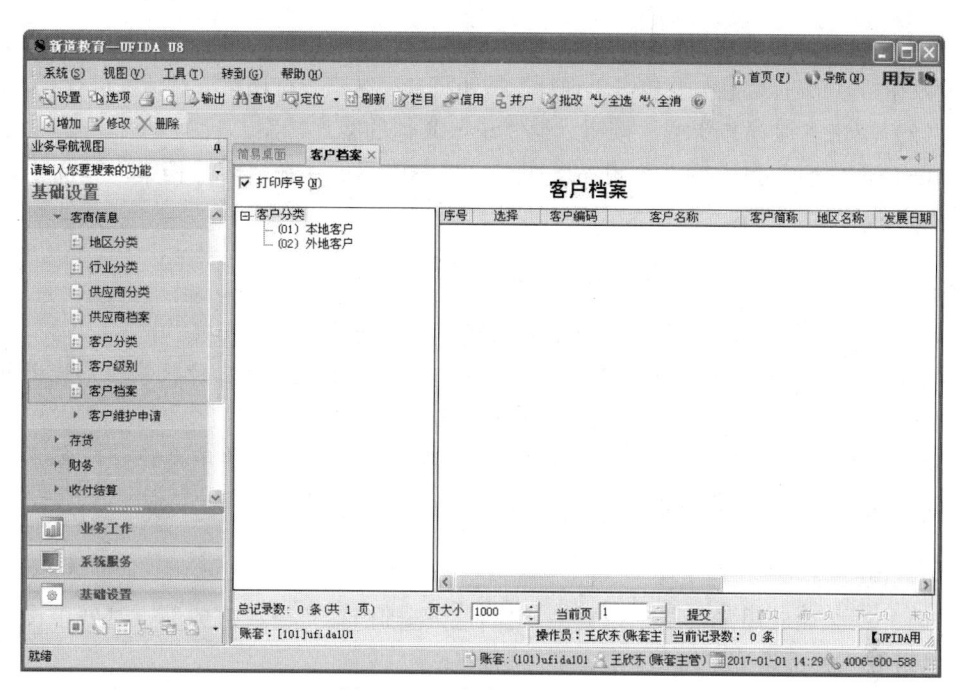

图2-19　"客户档案"界面

（2）单击"增加"按钮，打开"增加客户档案"界面。界面中共包括4个选项卡，即"基本""联系""信用"和"其他"，用于对客户不同的属性分别归类记录。

（3）在"基本"选项卡中，按题目要求输入"客户编码""客户名称""客户简称"等信息，如图2-20所示。

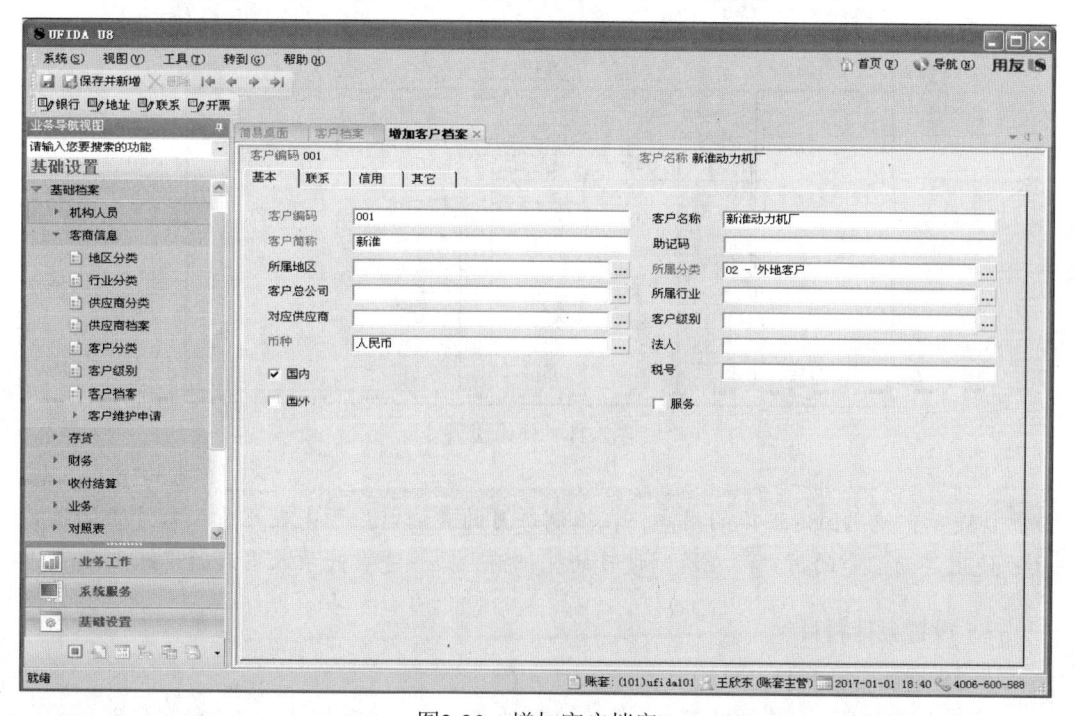

图2-20　增加客户档案

（4）如果有其他信息，可以依次单击"联系""信用""其他"等选项卡分别录入，客户的开户银行信息需要单击"银行"按钮打开"客户银行档案"对话框进行录入。

（5）单击"保存并新增"按钮。继续录入其他的客户档案。

（6）全部输入完成后，关闭"增加客户档案"界面。在"客户档案"界面中，可以看到全部的客户档案。

提示：
- 如果此处不输入税号，之后将无法向该客户开具增值税专用发票。
- 之所以设置"分管部门"和"专管业务员"，是为了在应收应付款管理系统填制发票等原始单据时能自动根据客户显示部门及业务员信息。
- 如果企业使用金税系统，因为由U8系统传入金税系统的发票不允许修改客户的银行信息，因此需要在U8客户档案中正确录入客户银行信息。

6. 外币设置

（1）在企业应用平台基础设置中，执行"基础档案"→"财务"→"外币设置"命令，进入"外币设置"窗口。

（2）输入币符"$"，币名"美元"，其他项目采用默认值，单击"确认"按钮。

（3）输入2017年1月份的记账汇率6.2，按回车键确认，如图2-21所示。

（4）单击"退出"按钮，系统弹出"是否退出"信息提示框，单击"是"按钮退出外币设置。

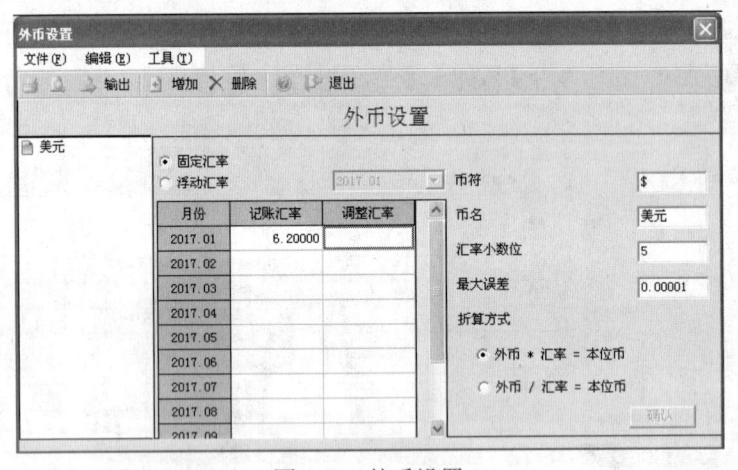

图2-21　外币设置

提示： 使用固定汇率的用户，在填制每月的凭证前应预先在此录入本月的记账汇率；使用浮动汇率的用户，在填制该日的凭证前，应预先在此录入当天的记账汇率。

7. 设置会计科目

（1）增加会计科目

①在企业应用平台基础设置中，执行"基础档案"→"财务"→"会计科目"命令，

进入"会计科目"窗口,如图2-22所示。窗口上方有七个选项卡,分别为"全部""资产""负债""共同""权益""成本"和"损益"。单击某选项卡,即显示该分类下的全部会计科目。

图2-22 "会计科目"窗口

②单击"增加"按钮,打开"新增会计科目"对话框。按题目要求录入科目编码"100201"、科目名称"工行存款"、勾选"日记账"和"银行账"复选框,如图2-23所示。

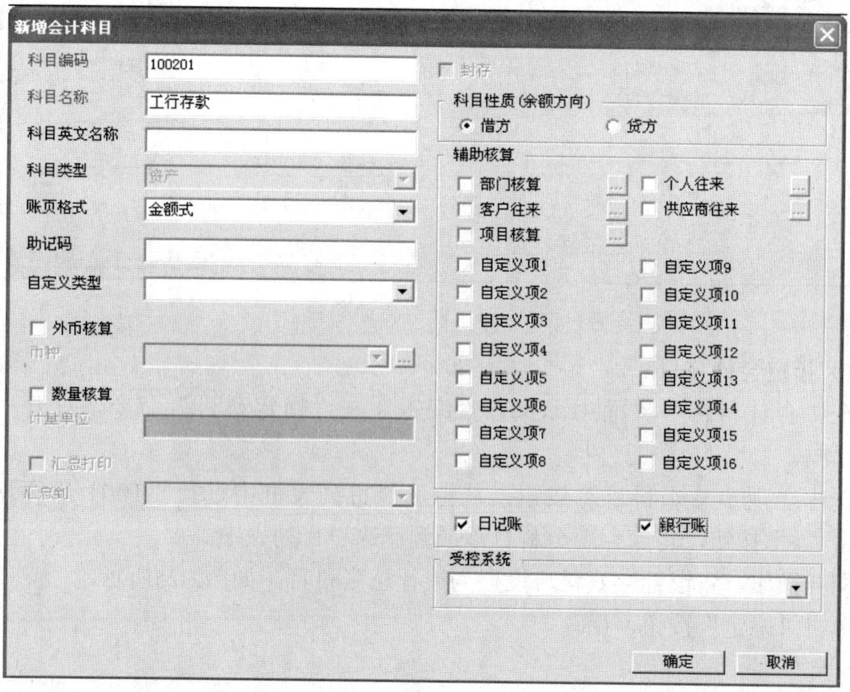

图2-23 增加会计科目

③单击"确定"按钮保存。
④单击"增加"按钮，继续增加其他会计科目，完成后返回"会计科目"界面。

提示：
- 增加会计科目时，如果选中"外币核算"复选框，那么还需要选择外币"币种"。
- 增加会计科目时，如果选中"数量核算"复选框，那么还需要输入计量单位。
- 增加会计科目时，必须先增加上一级科目，再增加下一级科目。

（2）修改会计科目
①在"会计科目"界面中，将光标定位在"1122应收账款"科目，单击"修改"按钮，打开"会计科目_修改"对话框。
②勾选"客户往来"复选框，如图2-24所示，单击"确定"按钮。
③单击"返回"按钮返回"会计科目"界面。同样操作修改其他科目。

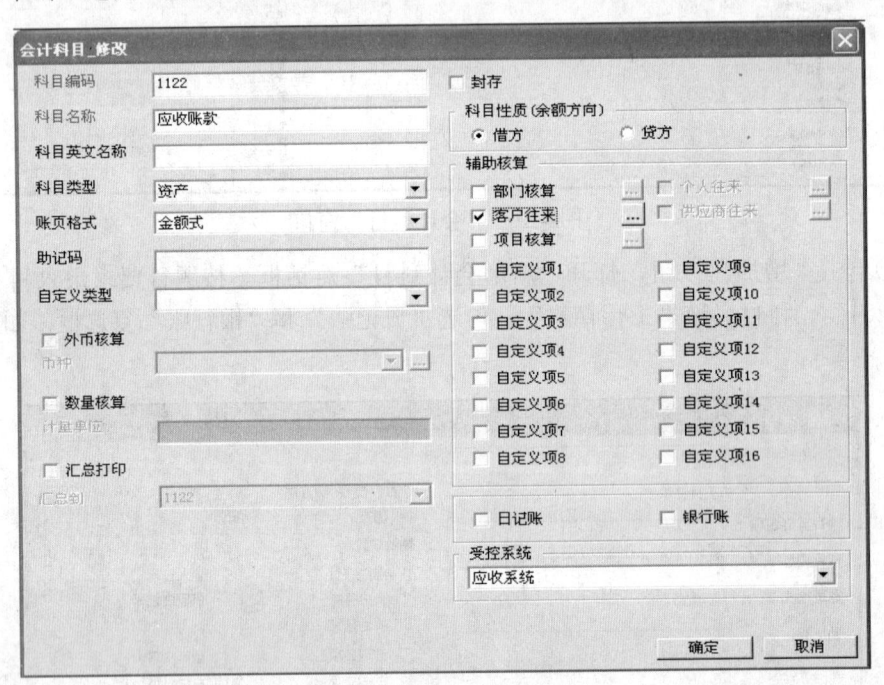

图2-24　修改会计科目

（3）指定会计科目
①在"会计科目"界面中，执行"编辑"→"指定科目"命令，打开"指定科目"对话框。
②选中"现金总账科目"按钮，从待选科目列表框中选择"1001 库存现金"科目，单击">"按钮，将库存现金科目添加到已选科目列表中。
③同样操作，将银行存款科目设置为银行总账科目，如图2-25所示。
④单击"确定"按钮，保存。

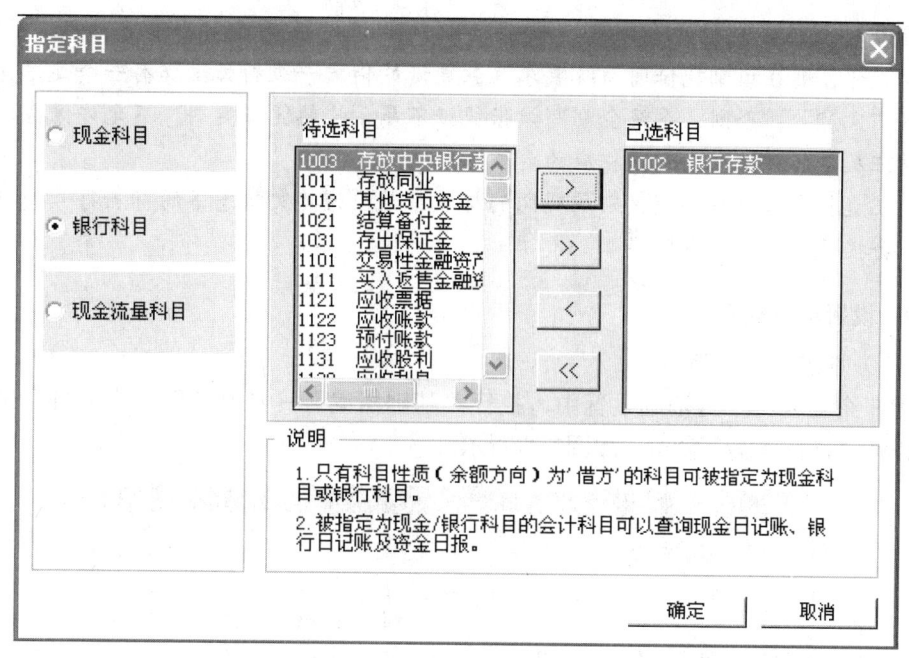

图2-25　指定会计科目

8．设置凭证类别

（1）在企业应用平台基础设置中，执行"基础档案"→"财务"→"凭证类别"命令，打开"凭证类别预置"对话框。

（2）选中"记账凭证"按钮，如图2-26所示。

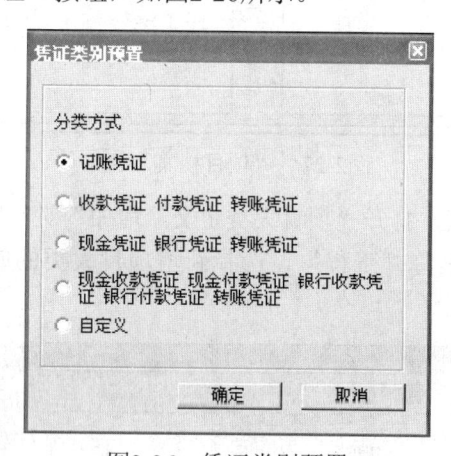

图2-26　凭证类别预置

（3）单击"确定"按钮，进入"凭证类别"窗口。

（4）单击"退出"按钮，退出"凭证类别"窗口。

提示：

● 已使用的凭证类别不能删除，也不能修改类别字。

● 如果设置了凭证类别为"收款凭证、付款凭证、转账凭证"，那么可以继续设置每种凭证类别的现值类型。如设置收款凭证的限制类型为借方必有"1001，1002"，则在填制凭证时系统要求收款凭证的借方一级科目至少有一个是"1001"或"1002"，否则，系统会判断该张凭证不属于收款凭证类别，不允许保存。付款凭证及转账凭证也应满足相应的要求。
- 如果直接录入科目编码，则编码间的标点符号应为英文状态下的标点符号，否则系统会提示科目编码有错误。

9．设置项目档案

（1）增加项目大类

①在企业应用平台基础设置中，执行"基础档案"→"财务"→"项目目录"命令，打开"项目档案"窗口，如图2-27所示。

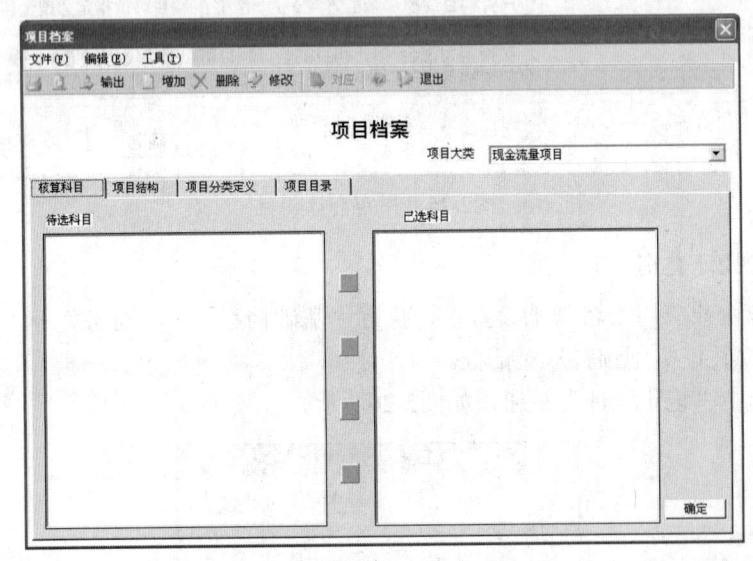

图2-27 "项目档案"窗口

②单击"增加"按钮，打开"项目大类定义_增加"对话框。

③输入新项目大类名称"工程"，选择新增项目大类的属性"普通项目"，如图2-28所示。

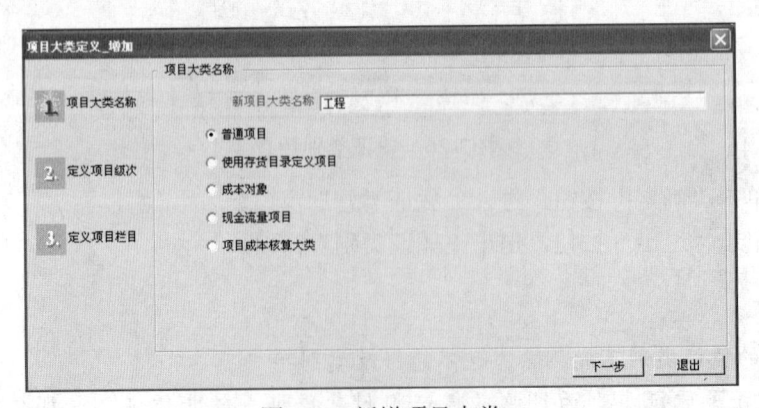

图2-28 新增项目大类

④单击"下一步"按钮,打开定义项目级次对话框,默认项目级次为一级1位,如图2-29所示。

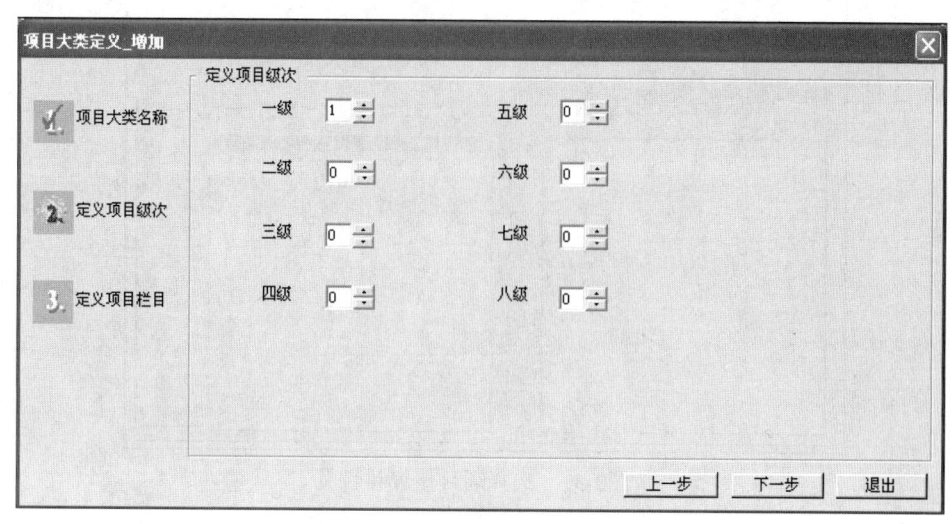

图2-29 定义项目级次

⑤单击"下一步"按钮,打开定义项目栏目对话框,保持系统默认,如图2-30所示,不做修改。

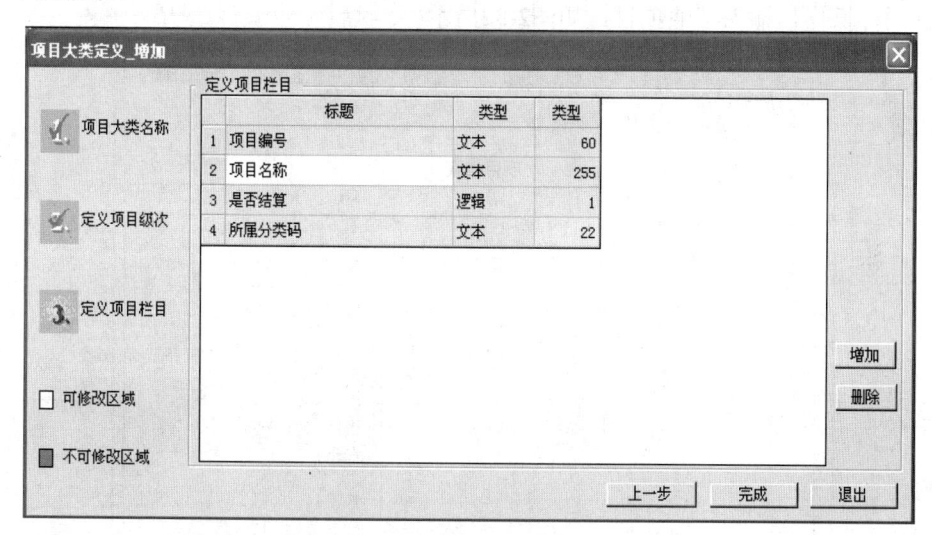

图2-30 定义项目栏目

⑥单击"完成"按钮,返回"项目档案"窗口。
(2)指定项目核算科目
①单击"项目大类"栏的下三角按钮,选择"工程"项目大类。
②单击"核算科目"选项卡,在左侧的"待选科目"中选择"1604在建工程",单击" > "按钮将在建工程科目选入"已选科目"列表中,如图2-31所示。
③单击"确定"按钮保存。

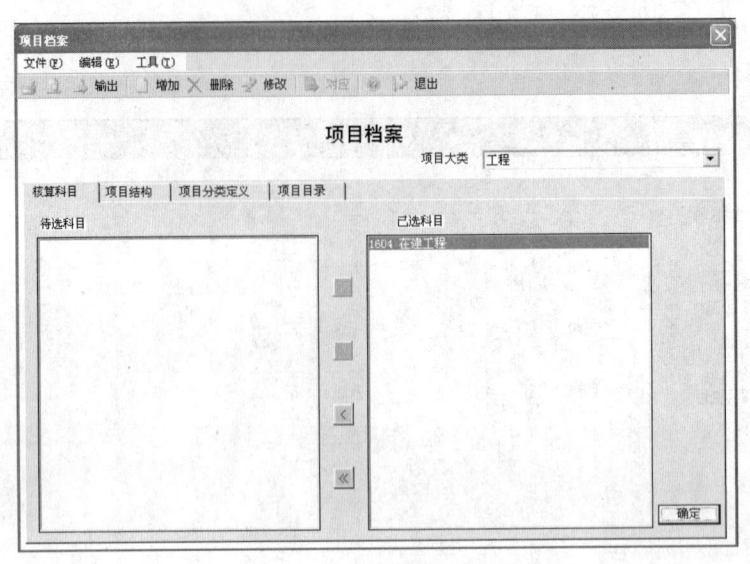

图2-31 选择项目核算科目

(3) 进行项目分类定义

①单击"项目分类定义"选项卡。

②输入分类编码"1",分类名称"家属楼",单击"确定"按钮。

③同样操作,输入其他项目,如图2-32所示。

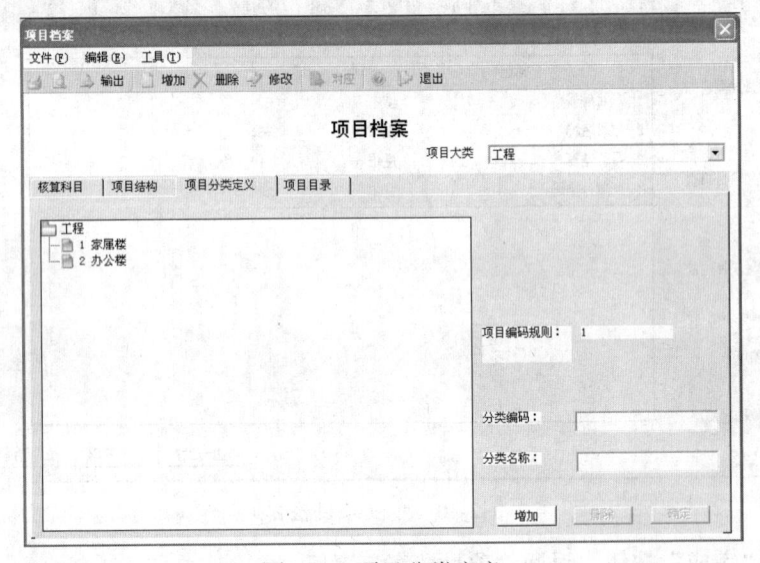

图2-32 项目分类定义

(4) 项目目录维护

①单击"项目目录"选项卡,单击"维护"按钮,进入"项目目录维护"窗口。

②单击"增加"按钮,输入项目编号"01"、项目名称"1号楼"、所属分类码"1",同样操作增加其他项目,如图2-33所示。

③完成后,单击"退出"按钮,返回"项目档案"窗口。

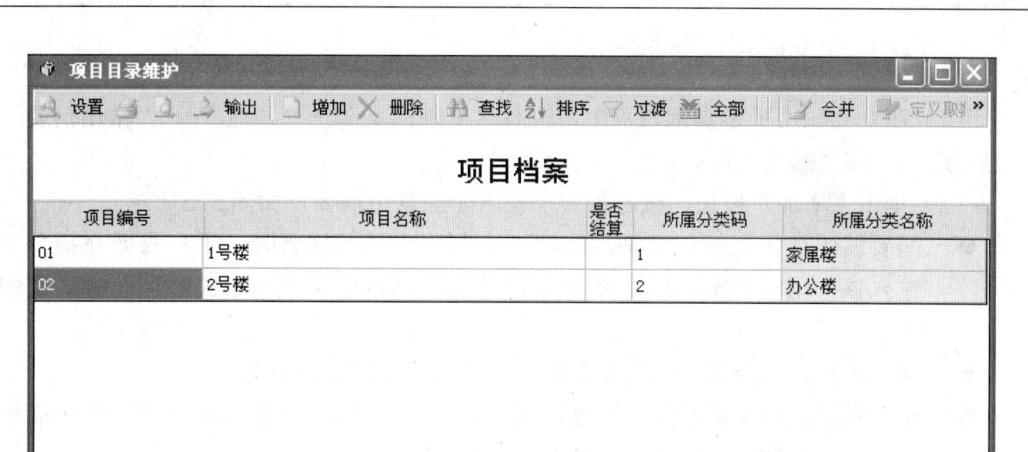

图2-33　项目目录维护

> 提示：
> - 编辑项目档案过程中，可以随时按Esc键退出当前行编辑状态。
> - 一个项目大类可以指定多个科目，一个科目只能属于一个项目大类。
> - 在每年年初应将已结算或不用的项目删除。结算后的项目将不能再使用。

10．设置结算方式

（1）在企业应用平台基础设置中，执行"基础档案"→"收付结算"→"结算方式"命令，进入"结算方式"窗口。

（2）按题目要求输入企业常用结算方式，如图2-34所示。

- 结算方式编码：必须录入，且录入值必须唯一。
- 结算方式名称：必须录入，最多6个汉字。
- 是否票据管理：选中该标记，表示对该结算方式下的票据进行票据管理。

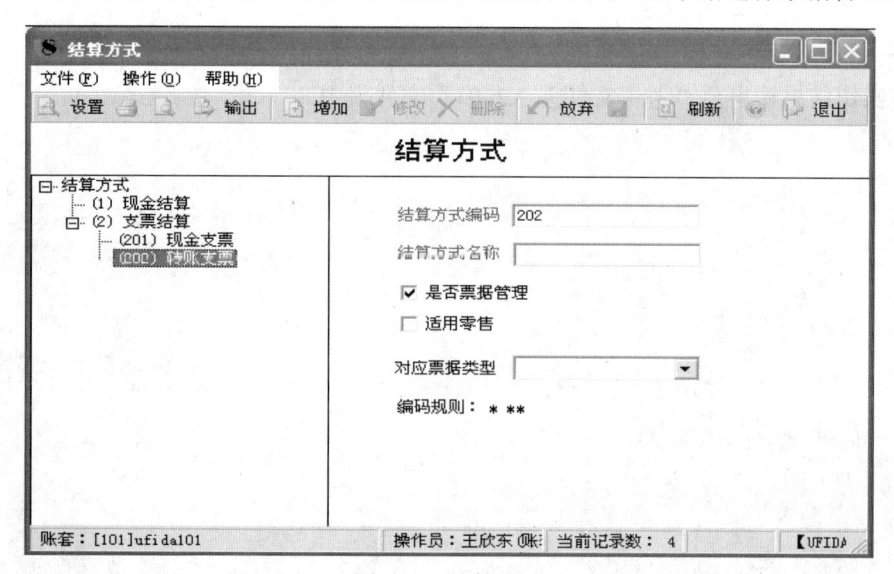

图2-34　结算方式

11. 设置常用摘要

（1）在企业应用平台基础设置中，执行"基础档案"→"其他"→"常用摘要"命令，进入"常用摘要"窗口。

（2）单击"增加"按钮，按题目要求输入企业常用摘要，如图2-35所示。

- 摘要编码：用以标识某常用摘要。在制单中录入摘要时，用户只要在摘要区输入该常用摘要的编码，系统即自动调入该摘要正文和相关科目（如果有的话）。
- 摘要内容：结合本单位的实际情况，输入常用摘要的正文。
- 相关科目：如果某条常用摘要对应某科目，则可以在此输入，在调用常用摘要的同时，也将被一同调入，以提高录入速度。

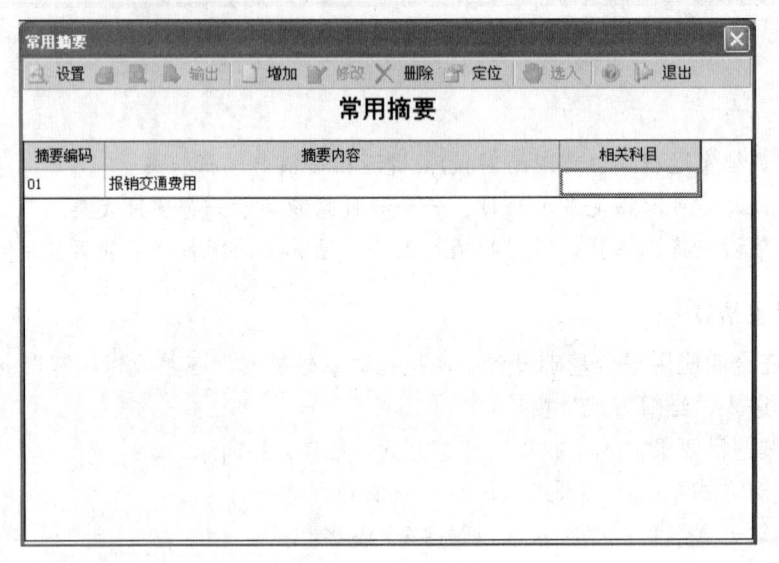

图2-35 常用摘要

12. 输出账套

将操作结果输出至"考生文件夹\X2_01"文件夹中。

第3章 总账初始化设置

手工环境下,总账是指总分类账簿,是根据总分类科目开设账户,用来登记全部经济业务,进行总分类核算,提供总括核算资料的分类账簿。总分类账所提供的核算资料,是编制会计报表的主要依据,任何单位都必须设置总分类账。总分类账的登记依据和方法,主要取决于所采用的会计核算形式。它可以直接根据各种记账凭证逐笔登记,也可以先把记账凭证按照一定方式进行汇总,编制成科目汇总表或汇总记账凭证等,然后据以登记。

用友U8中,总账子系统是财务管理系统的核心子系统,涉及企业资金变动的所有业务均需要在总账中进行处理。总账应用分为初始设置、日常业务处理和期末处理三个部分,本章介绍总账系统初始化设置。

本章主要内容
- 理解总账初始化的意义
- 设置总账选项
- 录入期初余额

评分细则

本章分值为10分,设3个评分点,评分点、分值、得分条件及判分要求如下。

序号	评分点	分值	得分条件	判分要求
1	设置总账选项	2	正确设置选项	按要求设置选项
2	录入期初余额	6	正确输入明细科目或辅助账期初余额	明细科目或辅助账余额录入正确
3	试算平衡	2	试算结果平衡	试算结果与给定图一致

本章导读

综上所述,我们明确了本章所要求掌握的技能考核点以及对应《试题汇编》单元的评分点、分值、得分条件和判分要求等。本章结构及逻辑框架为:
- 样题示范:展示《试题汇编》中的一道真题。
- 基本认知:概括介绍本章考核内容对应的U8子系统的主要功能。
- 技能解析:详细讲解本章中涉及到技能考核点和相关知识点。
- 样题解答:给出真题的详细操作指导。

3.1 样题示范

【练习目的】

从《试题汇编》中选取样题,了解本章题目类型,掌握本章重点技能点。

【样题来源】

《试题汇编》第3单元3.1题(随书光盘中提供了本样题的操作视频)。

【操作要求】

在考生文件夹下新建一个文件夹,命名为X3_01。

以系统管理员身份登录系统管理,引入C:\2016U8soft\Unit3文件夹下的账套文件Y3_01。以1011操作员的身份(密码为011)登录101账套,登录日期为"2017-01-11",进行总账初始化设置。

1. 设置总账选项

设置"可以使用应收受控科目",其他选项采用系统默认。

2. 录入期初余额

科目名称	方向	期初余额(元)
库存现金	借	3 000
工行存款	借	100 000
工程物资	借	28 000
应收账款	借	119 000
短期借款	贷	50 000
实收资本	贷	200 000

其中,应收账款业务明细如下,未指定的内容可以输入任意字符。

日期	客户	摘要	金额(元)
2016-10-31	新淮	购货款	77 000
2016-11-17	江城	购货款	42 000

3. 试算平衡

对期初余额进行试算平衡。

4. 输出账套

将操作结果输出至"考生文件夹\X3_01"文件夹中。

3.2 基本认知

3.2.1 总账系统的基本功能

总账系统的基本功能就是利用建立的会计科目体系,输入和处理各种记账凭证,完成记账、结账以及对账的工作,输出各种总分类账、日记账、明细账和有关辅助账。总账是U8财务会计最核心的一个子系统，是企业财务信息化的起点，也是编制对外财务报告的数据基础，如图3-1所示。

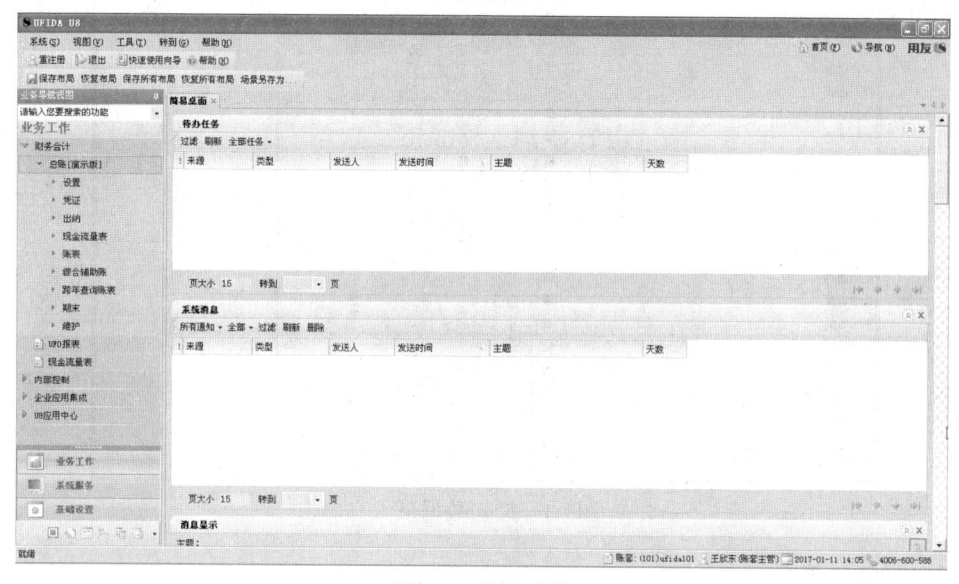

图3-1 总账系统

总账系统的主要功能包括了总账系统初始化、凭证管理、出纳管理、账簿管理、辅助核算管理及月末处理。

1．总账初始化

总账初始化是由企业用户根据自身的行业特性和管理需求，将通用的总账管理系统设置为适合企业自身特点的专用系统的过程。总账初始化主要包括系统选项设置（如图3-2所示）和期初数据录入（如图3-3所示）两项内容。

图3-2 系统选项设置

图3-3 期初数据录入

2. 凭证管理

凭证是记录企业各项经济业务发生的载体，凭证管理是总账系统的核心功能，主要包括填制凭证、出纳签字、审核凭证、记账、查询打印凭证等，见图3-4所示。凭证是总账系统数据的唯一来源，为严把数据源的正确性，总账系统设置了严密的制单控制，以保证凭证填制的正确性。另外，总账系统还提供资金赤字控制、支票控制、预算控制、外币折算误差控制、凭证类型控制、制单金额控制等功能，以加强对业务的及时管理和控制。

图3-4 凭证管理

3. 出纳管理

资金收付的核算与管理是企业的重要日常工作，也是出纳的一项重要工作内容。总账系统中的出纳管理为出纳人员提供了一个集成办公环境，可完成现金日记账、银行存款日记账的查询和打印，随时出最新资金日报表，进行银行对账并生成银行存款余额调节表，如图3-5所示。

4. 账簿管理

总账系统提供了强大的账证查询功能，可以查询打印总账、明细账、日记账、发生额余额表、多栏账、序时账等，如图3-6所示，不仅可以查询到已记账凭证的数据，而且查询的账表中也可以包含未记账凭证的数据，可以轻松实现总账、明细账、日记账和凭证的联查。

5．辅助核算管理

为了细化企业的核算与管理，总账系统提供了辅助核算管理功能，如图3-7所示。辅助类型主要包括以下几种：客户往来核算、供应商往来核算、项目核算、部门核算和个人往来核算。利用辅助核算功能，可以简化会计科目体系，使查询专项信息更为便捷。

6．月末处理

总账系统月末处理主要包括自动转账凭证的定义、自动转账凭证的生成、对账和结账等内容，如图3-8所示。

图3-5　出纳管理

图3-6　账簿管理

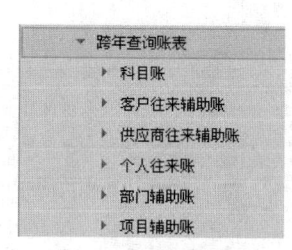

图3-7　辅助核算管理

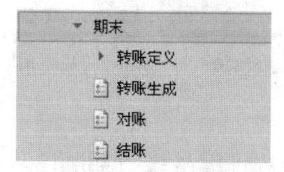

图3-8　月末管理

3.2.2 总账初始化的意义

用友U8是通用管理软件，可以满足不同行业、不同规模的企业的管理需求。不同行业具有不同的行业特性，不同规模、不同生命周期的企业的管理需求及管理重点也存在差异。通用管理软件为满足不同企业的应用需求，就需要在软件中预设大量的选项，也称为参数。企业在开始启用信息系统时，需要根据自身的行业特性和管理需求，对这些选项进行设置或选择，从而将通用的总账管理系统改造为适合本企业自身特点的个性化的应用系统，这项工作通常称为初始化设置。而总账初始化设置就是规定总账系统的应用方式。

用友U8总账初始化的主要内容包括选项设置和科目期初余额设置。

3.3 技能解析

3.3.1 设置总账选项

软件越通用，意味着系统内置的参数越多，系统参数的设置决定了企业的应用模式和应用流程。为了明确各项参数的适用对象，软件一般将参数分门别类进行管理。

总账选项分为"凭证""账簿""凭证打印""预算控制""权限""会计日历""其他""自定义项核算"几个选项卡存放。

1. "凭证"选项卡，如图3-9所示

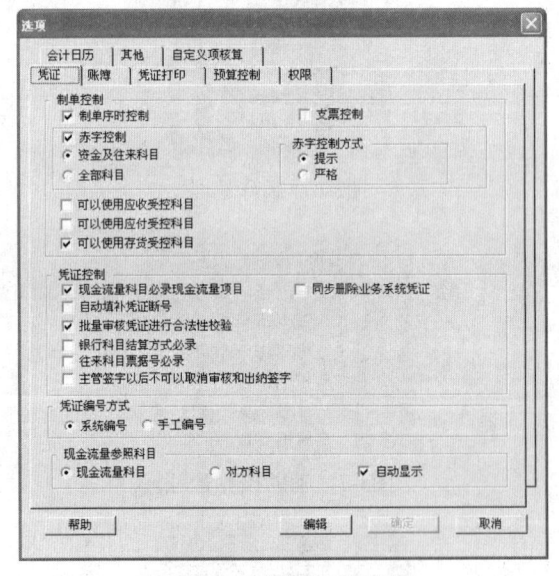

图3-9 "凭证"选项卡

（1）制单控制

①制单序时控制：指制单时凭证编号按日期顺序从小到大排列。

②支票控制：制单时使用了标注为银行账的科目时，如果结算方式设置了"票据管

理",那么输入的支票号如果在支票登记簿中存在,系统就提供支票报销;否则就提供支票登记。

③赤字控制:如果制单时资金及往来科目的最新余额出现负数,系统及时予以提示。

④可以使用应收受控科目:应收系统的受控科目是指只能在应收款系统制单时使用的科目,在企业启用应收款管理系统的前提下,与应收票据、应收账款、预收账款科目相关的业务在应收款管理系统生成,总账中不再填制这类业务凭证,因此保持此项为不选状态。目前为了全面学习总账功能,暂不启用应收款系统,因此涉及客户往来管理的业务需要在总账中处理,需要选中该项,否则在总账中不能使用这些科目制单。

> 提示:选择"可以使用应收受控科目"选项时,系统弹出"受控科目被其他系统使用时,会造成应收系统与总账对账不平"信息提示框,单击"确定"按钮即可。

(2)凭证控制

①现金流量科目必录现金流量项目:在会计科目中指定了现金流量科目的前提下,选中该项,在填制凭证时使用了现金流量科目,必须输入现金流所属的现金流量项目,否则凭证不能保存。

②自动填补凭证断号:选择凭证编号为系统编号,则在新增凭证时,系统按凭证类别自动查询本月的第一个断号作为本次新增凭证的凭证号。

③凭证录入时结算方式及票据必录:在填制凭证时如果使用了银行科目,则必须录入结算方式及票据号。

(3)凭证编号方式

系统提供自动编号和手工编号两种凭证编号方式。选择系统编号,系统按照凭证类别按月顺序编号。

2. "账簿"选项卡,如图3-10所示

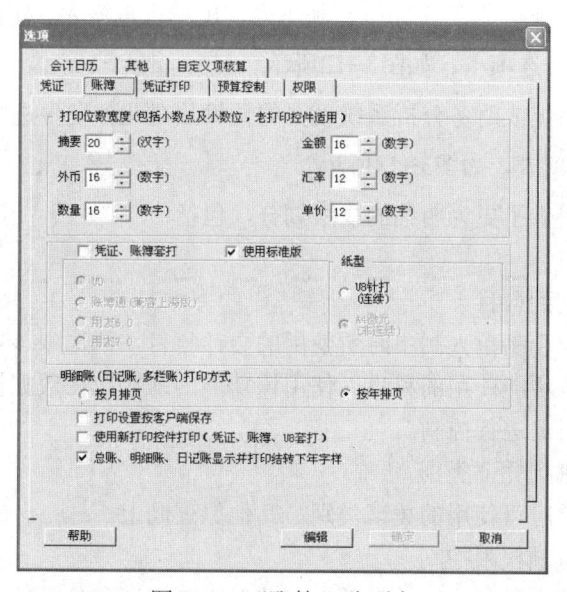

图3-10 "账簿"选项卡

用来设置各种账簿的输出方式和打印要求等。

3．"凭证打印"选项卡，如图3-11所示

用来设置凭证的输出方式和打印要求等。主要包括以下几项。

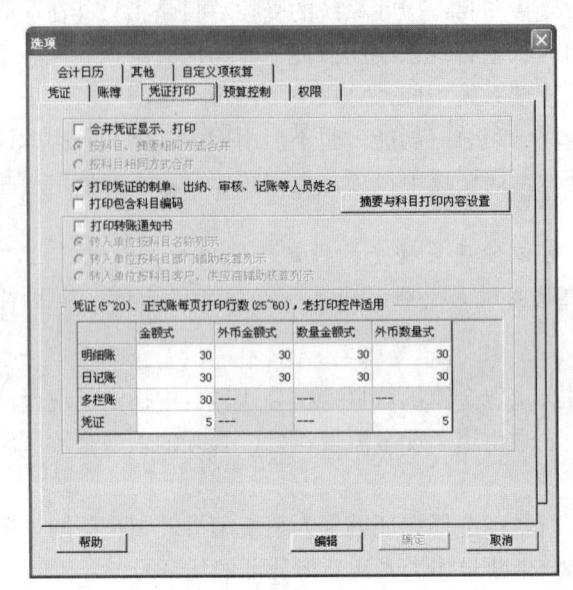

图3-11 "凭证打印"选项卡

（1）合并凭证显示、打印

选择此项，在填制凭证、查询凭证、出纳签字和凭证审核时，凭证按照"按科目、摘要相同方式合并"或"按科目相同方式合并"合并显示，在明细账显示界面中提供是否"合并显示"的选项。

（2）打印凭证页脚姓名

决定在打印凭证时，是否自动打印制单人、出纳、审核人、记账人的姓名。

4．"预算控制"选项卡，如图3-12所示

根据预算管理系统或财务分析系统设置的预算数对业务发生进行控制。

5．"权限"选项卡，如图3-13所示

选项中的权限提供了更为明细的权限划分，包括：

（1）权限控制

①制单权限控制到科目

如果希望限定每个制单人制单时所使用的会计科目，则选中该项。然后再在数据权限分配中授权制单人所能使用的科目。使用该功能的前提是在数据权限控制设置中已选择对"科目"业务对象进行控制。

②制单权限控制到凭证类别

限定制单人制单时可使用的凭证类别。其他原理同上。

③操作员进行金额权限控制

限定不同级别的人员制单时的金额。此项对机制凭证和外来凭证无效。

图3-12 "预算控制"选项卡

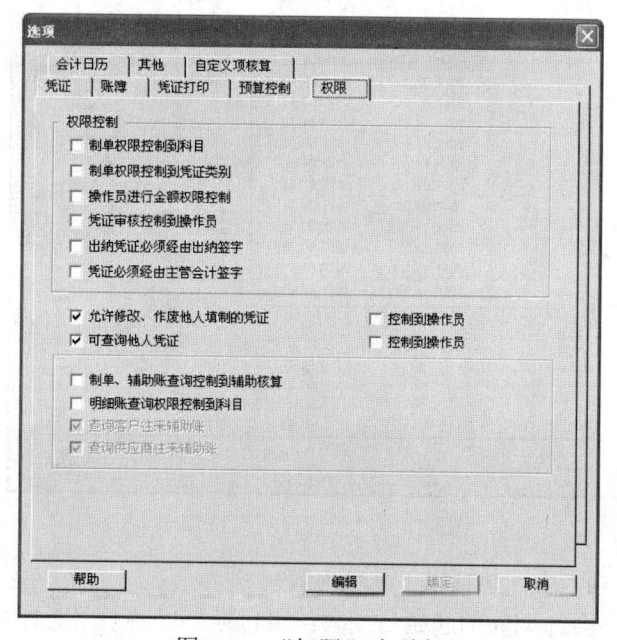

图3-13 "权限"选项卡

④凭证审核控制到操作员

限定拥有凭证审核权限的人只能对某些制单人填制的凭证行审核。

⑤出纳凭证必须经由出纳签字

出纳凭证是指凭证上包含指定为现金科目或银行存款科目的凭证。如果企业需要关注涉及现金收付的业务，可以选择该选项。

⑥凭证必须经由主管会计签字

选中该项,所有凭证必须由主管会计签字。

(2)允许作废、修改他人填制的凭证

审核人员在审核凭证的过程中发现凭证有误,是否可以作废和修改取决于该选项是否为选中状态。"控制到操作员"可以细化到允许修改、作废哪些制单人填制的凭证。

(3)可查询他人凭证

是否可以查看他人填制的凭证。"控制到操作员"可以细化到可以查看哪些制单人填制的凭证。

(4)制单、辅助账查询控制到辅助核算

是否需要限定制单或辅助账查询时能查看到哪些辅助核算类型。

(5)明细账查询权限控制到科目

是否需要限定有账簿查询权限的人可以查看哪些科目的明细账。

6. "会计日历"选项卡,如图3-14所示

图3-14 "会计日历"选项卡

在会计日历选项卡中,包括以下几项内容:

(1)可查看各会计期间的起始日期与结束日期,以及启用会计年度和启用日期。此处仅能查看,不能修改。

(2)可以查看企业建账时的部分信息,包括账套名称、单位名称、账套路径、行业性质、科目级长等。

(3)可以修改数量小数位、单价小数位和本位币精度。

7. "其他"选项卡,如图3-15所示

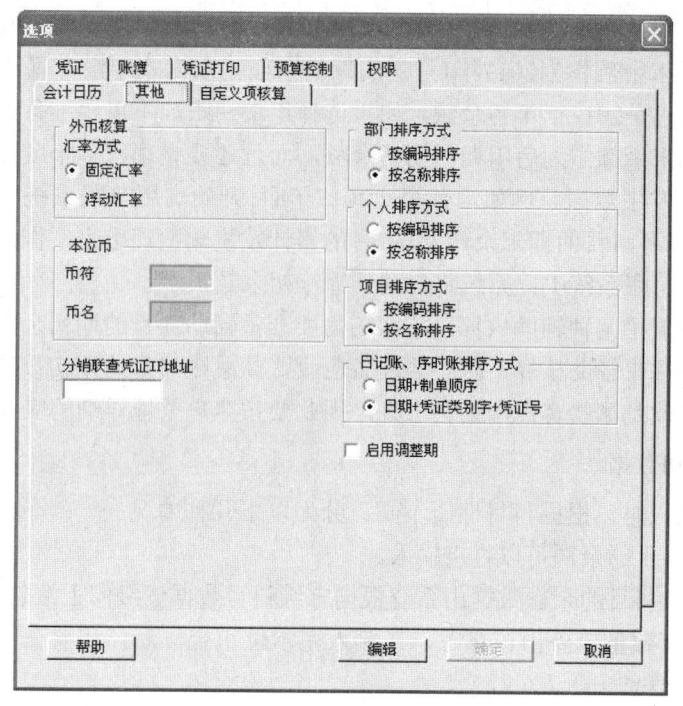

图3-15 "其他"选项卡

在"其他"选项卡中可以设置以下内容:

(1) 外币核算方式

如果企业有外币业务,那么可以在此选择是采用"固定汇率"核算还是采用"浮动汇率"核算。

(2) 排序方式

以参照部门目录、查询部门辅助账时,可以指定查询列表的内容是按编码顺序显示,还是按名称顺序显示。对个人往来辅助核算和项目核算也可以进行设置。

3.3.2 录入期初数据

企业账套建立之后,需要在系统中建立各账户的初始数据,才能接续手工业务处理进程。各账户余额数据的准备与总账启用的会计期间相关。

1. 准备期初数据

为了保持账簿资料的连续性,应该将原有系统下截止到总账启用日的各账户年初余额、累计发生额和期末余额输入到计算机系统中。但因为它们之间存在这样的关系:如果某账户余额在借方,则年初余额+本年累计借方发生额-本年累计贷方发生额=期末余额;如果某账户余额在贷方,则年初余额+本年累计贷方发生额-本年累计借方发生额=期末余额。因此一般只需要向计算机输入其中三个数据,另外一个可以根据上述关系自动计算。

选择年初启用总账和选择年中启用总账需要准备的期初数据是不同的。如果选择年初建账,只需要准备各账户上年年末的余额作为新一年的期初余额,且年初余额和月初余额是相同的。如某企业选择2017年1月启用总账系统,则只需要整理该企业2016年12月末各账户的期末余额作为2017年1月初的期初余额,因为本年没有累计数据发生,因此月初余额同时也是2017年年初余额。如果选择年中建账,不仅要准备各账户启用会计期间上一期的期末余额作为启用期的期初余额,而且还要整理自本年度开始截止至启用期的各账户累计发生数据。例如,某企业2017年8月开始启用总账系统,那么,应将该企业2017年7月末各科目的期末余额及1~7月的累计发生额整理出来,作为计算机系统的期初数据录入到总账系统中,系统将自动计算年初余额。

如果科目设置了某种辅助核算,那么还需要准备辅助项目的期初余额。如应收账款科目设置了客户往来辅助核算,除了要准备应收账款总账科目的期初数据外,还要详细记录这些应收账款是哪些客户的销售未收,因此要按客户整理详细的应收余额数据。

2. 录入期初数据

期初余额录入时,根据科目性质不同,分为以下几种情况:

(1)末级科目的余额可以直接输入。

(2)非末级科目的余额数据由系统根据末级科目数据逐级向上汇总而得。

(3)科目有数量或外币核算时,在输入完本位币金额后,还要在下面一行输入相应的数量和外币信息。

(4)科目有辅助核算时,不能直接输入该账户的期初余额,而是必须输入辅助账的期初余额。辅助账余额输入完毕后,自动带回总账。

3. 进行试算平衡

期初数据输入完毕后应进行试算平衡。如果期初余额试算不平衡,可以填制、审核凭证,但不能进行记账处理。因为企业信息化时,初始设置工作量大,占用时间比较长,为了不影响日常业务的正常进行,故允许在初始化工作未完成的情况下进行凭证的填制。

凭证一经记账,期初数据便不能再修改。

3.4 样题解答

在考生文件夹下新建一个文件夹,命名为X3_01。

以系统管理员身份登录系统管理,引入C:\2016U8soft\Unit3文件夹下的账套文件Y3_01。

1. 以1011操作员的身份登录101账套

(1)执行"开始"→"所有程序"→"用友U8 V10.1"→"企业应用平台"命令,打开"登录"对话框。

(2)录入操作员"1011",密码"011",单击"账套"栏的下三角按钮,选择"[101] (default)ufida101",操作日期设置为"2017-01-11"。单击"登录"按钮,进入"企业应用平台"窗口。窗口状态栏中显示当前操作员为"王欣东(账套主管)"。

(3)在"业务工作"中,执行"财务会计"→"总账"命令,可以看到总账下的主要功能节点,如图3-16所示。

第3章 总账初始化设置

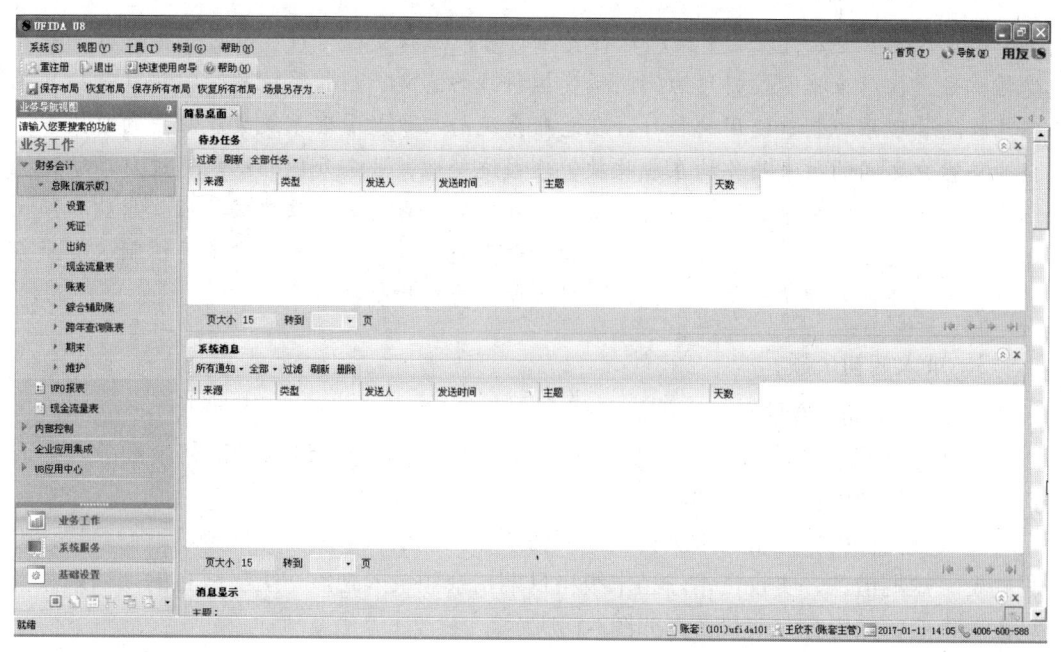

图3-16 总账主要功能

2．设置总账选项

（1）在总账系统中，执行"设置"→"选项"命令，打开"选项"对话框。

（2）单击"编辑"按钮，进入修改状态。

（3）在"凭证"选项卡中，勾选"可以使用应收受控科目"复选框，弹出系统提示如图3-17所示。

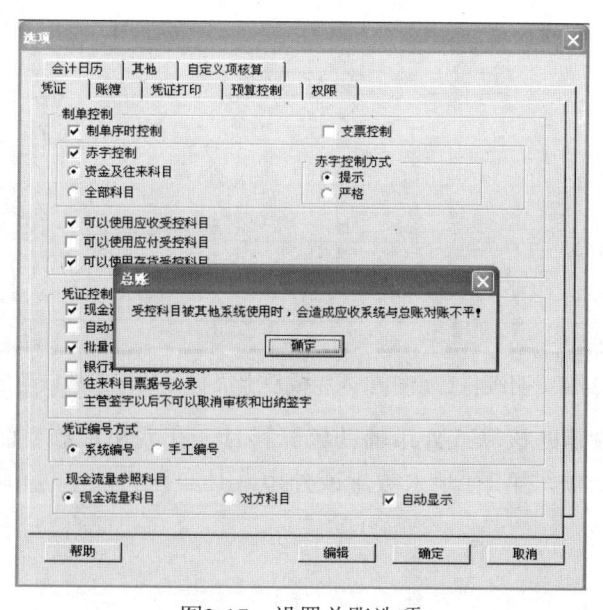

图3-17 设置总账选项

（4）单击"确定"按钮关闭系统提示，再单击"确定"按钮完成选项设置。

🏷️ 提示：总账选项设置中提到三种受控科目：应收受控科目、应付受控科目和存货受控科目，仅以应收受控科目为例阐释受控科目的意义。应收系统的受控科目是指只能在应收款管理系统制单使用的科目。在总账系统与应收款管理系统集成应用的前提下，企业与客户之间的往来业务均在应收款管理系统处理，业务处理的结果通过自动凭证机制生成凭证传递给总账。涉及客户往来业务处理的科目包括应收票据、应收账款和预收账款科目，既然与此相关的业务在应收款管理系统生成，那么总账中不再填制这类业务凭证，否则业务处理就重复了。这几个科目也称为应收受控科目。

3．录入期初余额

（1）无辅助核算的科目余额录入

①在总账系统中，执行"设置"→"期初余额"命令，进入"期初余额录入"窗口。期初余额列底色有三种颜色。

②底色为白色单元格为末级科目，期初余额直接录入，如库存现金、工行存款、工程物资、短期借款、实收资本。当末级科目期初余额录入之后，上级科目的期初余额自动汇总生成，如银行存款科目，如图3-18所示。

图3-18 明细科目余额录入完成后上级科目期初余额自动生成

③如果是数量辅助核算或外币辅助核算科目，在期初余额界面显示两行，第1行录入人民币期初余额，第2行录入数量或外币，且必须先录本位币期初金额再录数量或外币。

🏷️ 提示：
- 如果要修改余额的方向，可以在未录入余额的情况下，单击"方向"按钮改变余额的方向。

- 总账科目与其下级科目的方向必须一致。如果所录入明细余额的方向与总账余额方向相反，则用"-"号表示。如"应交税金/应交增值税/进项税额"科目借方余额3 832需要录入"-3 832"。

（2）客户往来辅助核算科目录入

底色为黄色的单元是设置了客户往来、供应商往来、部门核算、个人往来、项目核算核算的科目。如本例应收账款期初余额为119 000。

①双击"应收账款"科目期初余额栏，进入"辅助期初余额"窗口。

②单击"往来明细"按钮，进入"期初往来明细"窗口。

③单击"增行"按钮，按明细资料录入应收账款往来明细，如图3-19所示。

图3-19　应收账款期初往来明细

④单击"汇总"按钮，系统自动汇总并弹出"完成了往来明细到辅助期初表的汇总！"信息提示框，单击"确定"按钮。

⑤单击"退出"按钮，返回到"辅助期初余额"窗口，如图3-20所示。

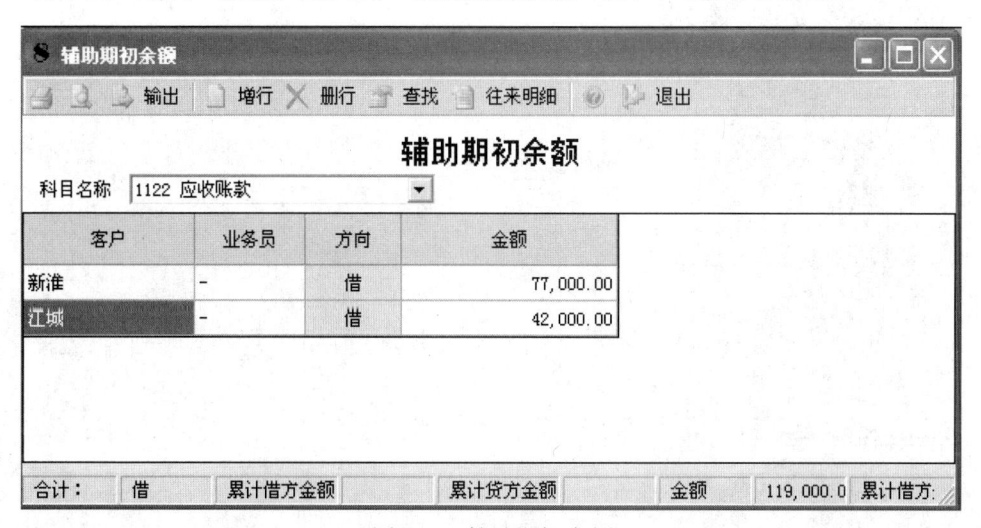

图3-20　辅助期初余额

⑥单击"退出"按钮，返回"期初余额录入"窗口，应收账款科目余额已自动生成。

4. 试算平衡

输完所有科目余额后，单击"试算"按钮，打开"期初试算平衡表"对话框，如图3-21所示。

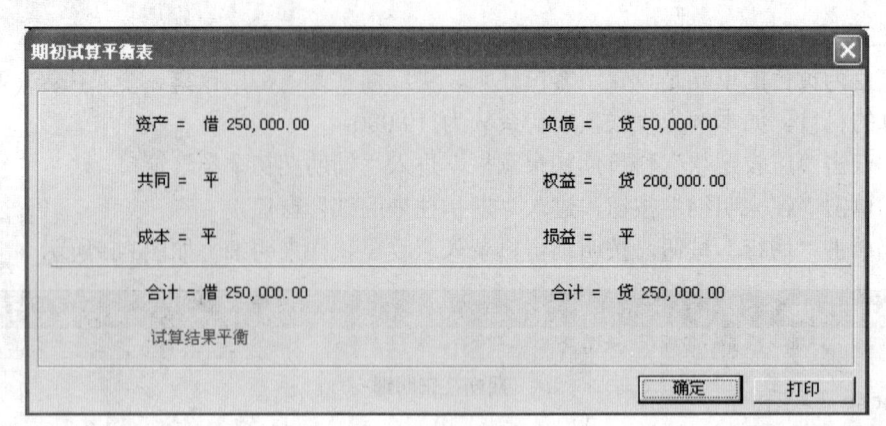

```
期初试算平衡表

    资产 = 借 250,000.00        负债 = 贷 50,000.00

    共同 = 平                    权益 = 贷 200,000.00

    成本 = 平                    损益 = 平

    合计 = 借 250,000.00         合计 = 贷 250,000.00

    试算结果平衡

                              [确定]   [打印]
```

图3-21　期初试算平衡

若期初余额不平衡，则修改期初余额；若期初余额试算平衡，单击"确定"按钮。

提示：
- 系统只能对期初余额的平衡关系进行试算，而不能对年初余额进行试算。
- 如果期初余额不平衡，可以填制凭证、审核凭证，但是不允许记账。
- 凭证记账后，期初余额变为"只读、浏览"状态，不能再修改。

5. 输出账套

将操作结果输出至"考生文件夹\X3_01"文件夹中。

第4章　总账日常业务处理

总账日常业务处理完成企业日常经营活动中涉及资金变动的日常业务的记录、记账等管理内容。用友U8中，日常业务处理分为输入—处理—输出3个环节。手工录入记账凭证后，经过审核、记账，自动生成总账、明细账、日记账及各种辅助账。与手工管理环境不同的是，由于记账凭证是总账系统数据的唯一来源，因此确保填制凭证正确是一项极其关键的工作。

本章主要内容
- 理解总账日常业务处理工作流程
- 填制凭证
- 审核凭证
- 记账

评分细则

本章分值为20分，设3个评分点，评分点、分值、得分条件及判分要求如下。

序号	评分点	分值	得分条件	判分要求
1	填制凭证	15	正确填制凭证	凭证类别、科目、辅助项及金额正确
2	审核凭证	3	正确更换操作员、审核凭证	按要求更换操作员、正确进行审核签字
3	记账	2	正确记账	记账范围及内容正确

本章导读

综上所述，我们明确了本章所要求掌握的技能考核点以及对应《试题汇编》单元的评分点、分值、得分条件和判分要求等。本章结构及逻辑框架为：
- 样题示范：展示《试题汇编》中的一道真题。
- 基本认知：概括介绍本章考核内容对应的U8子系统的主要功能。
- 技能解析：详细讲解本章中涉及到技能考核点和相关知识点。
- 样题解答：给出真题的详细操作指导。

4.1　样题示范

【练习目的】

从《试题汇编》中选取样题，了解本章题目类型，掌握本章重点技能点。

【样题来源】

《试题汇编》第4单元4.1题（随书光盘中提供了本样题的操作视频）。

【操作要求】

在考生文件夹下新建一个文件夹，命名为X4_01。

以系统管理员身份登录系统管理，引入C:\2016U8soft\Unit4文件夹下的账套文件Y4_01。

以1012操作员的身份（密码为012）登录101账套，登录日期为"2017-01-11"，填制凭证。

以1011操作员的身份（密码为011）登录101账套，登录日期为"2017-01-11"，审核凭证和记账。

1．填制凭证（未给定的辅助内容不需输入）

（1）1月11日，财务部出纳持现金支票（票号为1701）从工行提取现金10 000元，作为备用金。

借：库存现金（1001）　　　　　　　　10 000
　　贷：银行存款/工行存款（100201）　　　10 000

（2）1月11日，总经办购买办公用品800元，用现金支付。

借：管理费用/办公费（660201）　　　　800
　　贷：库存现金（1001）　　　　　　　　800

（3）1月11日，销售部纪群出差，借差旅费3 000元。

借：其他应收款（1221）　　　　　　　3 000
　　贷：库存现金（1001）　　　　　　　　3 000

（4）1月11日，向新淮动力机厂销售产品一批，金额80 000元，增值税13 600元，价税合计93 600元，货款未收。

借：应收账款（1122）　　　　　　　　93 600
　　贷：主营业务收入（6001）　　　　　　80 000
　　　　应交税费/应交增值税/销项税额（22210105）　13 600

（5）领用工程材料20 000元，用于建造1号家属楼。

借：在建工程（1604）　　　　　　　　20 000
　　贷：工程物资（1605）　　　　　　　　20 000

2．审核凭证

更换为操作员1011，审核全部记账凭证。

3．记账

由操作员1011对已审核凭证进行记账。

4．输出账套

将操作结果输出至"考生文件夹\X4_01"文件夹中。

4.2 基本认知

总账初始设置完成后，就可以开始进行日常业务处理。

4.2.1 总账日常业务处理的工作流程

总账日常业务处理的工作流程如图4-1所示。

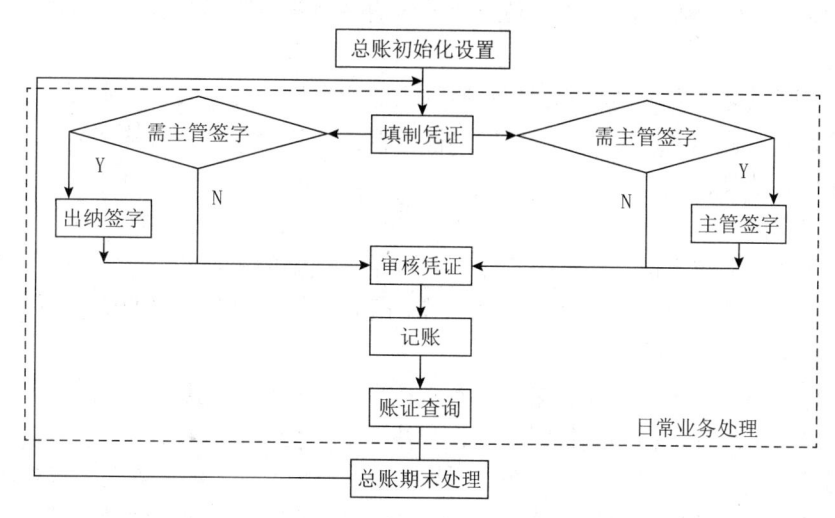

图4-1　总账日常业务处理的工作流程

4.2.2 总账日常业务处理的主要内容

总账日常业务处理的主要包括以下几项工作：凭证管理、出纳管理和账证查询。

1. 凭证管理

凭证是记录企业各项经济业务发生的载体，凭证管理是总账系统的核心功能，主要包括填制凭证、出纳签字、审核凭证、记账、查询打印凭证等。凭证是总账系统数据的唯一来源，为严把数据源的准确性，总账系统设置了严格的制单控制以保证凭证填制的准确性。另外，总账系统还提供资金赤字控制、支票控制、预算控制、外币折算误差控制、凭证类型控制、制单金额控制等功能，以加强对业务的及时管理和控制。

（1）填制凭证

记账凭证按其编制来源可分为两大类：手工填制凭证和机制凭证。机制凭证包括利用总账系统自动转账功能生成的凭证以及在其他子系统中生成传递到总账的凭证。本节主要介绍手工填制凭证。

手工填制凭证也分为两种方式：一种是根据审核无误的原始凭证直接在总账系统中填制记账凭证；另一种是先在手工方式下填制好记账凭证而后再集中输入到总账系统中。企业可以根据实际情况选择适合自己的方式。

（2）复核凭证

为了保证会计事项处理正确和记账凭证填制正确，需要对记账凭证进行复核。凭证复核包括出纳签字、主管签字和审核凭证。

①出纳签字

由于出纳凭证涉及到企业资金的收支，所以应加强对出纳凭证的管理。出纳签字功能使得出纳可以对涉及到现金、银行存款的凭证进行核对，以判定凭证是否有误。如果凭证正确无误，出纳便可签字，否则必须交由制单人进行修改后再重新核对。

出纳凭证是否必须由出纳签字取决于系统参数的设置，如果选择了"出纳凭证必须由出纳签字"选项，那么出纳凭证必须经过出纳签字才能够记账。

②主管签字

为了加强对会计人员制单的管理，有的企业所有凭证都需要由主管签字，为了满足这一应用需求，总账系统提供主管签字功能。但凭证是否需要主管签字才能记账，取决于系统参数的设置。

③审核凭证

审核凭证是审核人员按照相关规定，对制单人填制的记账凭证进行检查核对，如是否与原始凭证相符、会计分录是否正确等等。凭证审核无误后，审核人便可签字，否则必须交由制单人进行修改后再重新审核。

所有凭证必须审核后才能记账。注意审核人与制单人不能是同一人。

如果设置了凭证审核明细权限的话，审核凭证还会受到明细权限的制约。

（3）记账

记账是以会计凭证为依据，将经济业务全面、系统、连续地记录到账簿中的一种方法。手工状态下，记账是由会计人员根据已审核的记账凭证及其所附有的原始凭证逐笔或汇总登记有关的总账和明细账。在信息系统中，记账是由有权限的用户发出指令，由计算机按照预先设定的记账规则自动登记。

记账凭证经过审核签字后，便可以记账了。记账时可以选择要记账的凭证范围。

计算机系统中，记账是由计算机自动进行的。如果记账后发现输入的记账凭证有错误需要进行修改，需要人工调用"恢复记账前状态"功能。系统提供了两种恢复记账前状态方式：将系统恢复到最后一次记账前状态和将系统恢复到月初状态。只有主管才能选择将数据"恢复到月初状态"。

（4）修改凭证

如果发生凭证填制错误的情况，就涉及到如何修改凭证。在信息化方式下，凭证的修改分为无痕迹修改和有痕迹修改。

①无痕迹修改

无痕迹修改，是指系统内不保存任何修改线索和痕迹。对于尚未审核和签字的凭证可以直接进行修改；对于已经审核或签字的凭证应该先取消审核或签字，然后才能修改。显然，这两种情况下，都没有保留任何审计线索。

②有痕迹修改

有痕迹修改是指系统通过保存错误凭证和更正凭证的方式而保留修改痕迹，因而可以留下审计线索。对于已经记账的错误凭证，一般应采用有痕迹修改。具体方法是采用红字更正法或补充更正法。前者适用于更正记账金额大于应记金额的错误或者会计科目的错误，后者适用于更正记账金额小于应记金额的错误。

能否修改他人填制的凭证，将取决于系统参数的设置。其他子系统生成的凭证，只能在账务系统中进行查询、审核、记账，不能修改和作废，只能在生成该凭证的原子系统中进行修改和删除，以保证记账凭证和原子系统中的原始单据相一致。

修改凭证时，一般而言凭证类别及编号是不能修改的。修改凭证日期时，为了保持序时性，日期应介于前后两张凭证日期之间，同时日期月份不能修改。

（5）删除凭证

在U8系统中，没有直接的删除凭证的功能。如果需要删除凭证，要分为两步。第一步，对于尚未审核和签字的凭证，如果不需要的话，可以直接将其作废，作废凭证仍保留凭证内容及编号，仅显示"作废"字样。作废凭证不能修改、不能审核，但应参与记账，否则月末无法结账。记账时不对作废凭证进行数据处理，相当于一张空凭证。账簿查询时，查不到作废凭证的数据。与作废凭证相对应，系统也提供对作废凭证的恢复，将已标识为作废的凭证恢复为正常凭证。第二步，如果作废凭证没有保留的必要时，可以通过"整理凭证"彻底将其删除。

（6）冲销凭证

冲销凭证是针对已记账凭证而言的。红字冲销可以采用手工方式也可以由系统自动进行。如果采用自动冲销，只要告知系统要被冲销的凭证类型及凭证号，系统便会自动生成一张与该凭证相同只是金额为红字（负数）的凭证。

（7）凭证查询

查询是计算机系统相比手工方式的优势之一。既可以查询已记账凭证，也可以查询未记账凭证；既可以查询作废凭证，也可以查询标错凭证；既可以按凭证号范围查询，也可以按日期查询；既可以按制单人查询，也可以按审核人或出纳员查询；通过设置查询条件，可以按科目、摘要、金额、外币、数量、结算方式或各种辅助项查询，快捷方便。

（8）凭证汇总

凭证汇总时，可按一定条件对记账凭证进行汇总并生成凭证汇总表。进行凭证汇总的凭证可以是已记账凭证，也可以是未记账凭证，可供财务人员随时查询凭证汇总信息，及时了解企业的经营状况及其他财务信息。

（9）设置常用凭证

企业发生的经济业务都有其规律性，有些业务在一个月内会重复发生若干次，因而在填制凭证的过程中，经常会有许多凭证完全相同或部分相同，因而可以将这些经常出现的凭证进行预先设置，以便将来填制凭证时随时调用，简化凭证的填制过程，这就是常用凭证。

2．出纳管理

资金收付的核算与管理是企业的重要日常工作，也是出纳的一项重要工作内容。总账系统中的出纳管理为出纳人员提供了一个集成办公环境，可完成现金日记账、银行存款日记账的查询和打印，随时出最新资金日报表，进行银行对账并生成银行存款余额调节表。

出纳管理是总账系统为出纳人员提供的一套管理工具和工作平台，主要包括现金和银行存款日记账的查询打印、资金日报、支票登记簿以及银行对账。

需要说明的是，如果企业在总账选项中选中了"出纳凭证必须经由出纳签字"，那么当凭证上使用了指定为库存现金或银行存款属性的科目，需要出纳对该类业务进行确认。出纳签字在凭证管理中已有介绍，此处不再赘述。

（1）现金日记账和银行日记账的查询打印

现金日记账和银行存款日记账不同于一般科目的日记账，是属于出纳管理的，因此将其查询和打印功能放置于出纳管理平台上。

现金、银行日记账一般可按月或按日查询，查询时也可以包含未记账凭证在内。

（2）资金日报表

资金日报表可以反映现金和银行存款的日发生额及余额情况。手工环境下，资金日报表由出纳员逐日填写，以反映当天营业结束时的现金、银行存款的收支情况及余额。在计算机系统中，资金日报表可由总账系统根据记账凭证自动生成，及时掌握当日借/贷金额合计、余额以及当日业务量等信息。资金日报表既可以根据已记账凭证生成，也可以根据未记账凭证生成。

（3）支票登记簿

加强支票的管理对于企业来说非常重要，因此总账系统提供了支票登记簿功能，以供出纳员详细登记支票领用及报销情况，如领用日期、领用部门、领用人、支票号、用途、预计金额、报销日期、实际金额、备注等。

一般而言，使用支票登记簿时，应注意以下问题。

①只有在总账系统的初始设置选项中已选择"支票控制"，并在结算方式设置中已设置"票据结算"标志，在"会计科目"中已指定银行账的科目，才能使用支票登记簿。

②领用支票时，银行出纳必须据实填写领用日期、领用部门、领用人、用途、预计金额、备注等信息。

③支票支出后，经办人持原始单据报销，会计人员据此填制记账凭证。在录入该凭证时，系统要求录入结算方式和支票号，填制完凭证后，在采用支票控制的方法下，系统自动在支票登记簿中将该支票填上报销日期，表示该支票已报销，否则出纳员需要自己填写报销日期。

（4）银行对账

银行对账是出纳在月末应进行的一项工作，企业为了了解未达账项的情况，通常都会定期与开户银行进行对账。在信息化方式下，银行对账的流程如下所述。

①录入银行对账期初数据

在第一次利用总账系统进行银行对账前，应该录入银行启用日期时的银行对账期初数据。银行对账的启用日期是指使用银行对账功能前最后一次手工对账的截止日期，银行对账不一定和总账系统同时启用，银行对账的启用日期可以晚于总账系统的启用日期。

银行对账期初数据包括银行对账启用日的单位方银行日记账与银行方银行对账单的

调整前余额，以及启用日期之前的单位日记账和银行对账单的未达账项。

录入期初数据后，应保证银行日记账的调整后余额等于银行对账单的调整后余额，否则会影响以后的银行对账。

②录入银行对账单

在开始对账之前，须将银行开出的银行对账单录入系统中，以便将其与企业银行日记账进行核对。有些系统还提供了银行账单导入的功能，避免了烦琐的手工录入过程。

③银行对账

银行对账可采用自动对账和手工对账相结合的方式，先进行自动对账，然后在此基础上，再进行手工对账。

自动对账是指系统根据设定的对账依据，将银行日记账（银行未达账项文件）与银行对账单进行自动核对和核销。对于已核对上的银行业务，系统将自动在银行日记账和银行对账单双方打上两清标志，视为已达账项，否则视为未达账项。

对账依据可由用户自己设置，但"方向+金额"是必要条件，通常可设置为"结算方式+结算号+方向+金额"。

采用自动对账后，可能还有一些特殊的已达账项没有对上而被视为未达账项，为了保证对账的彻底性和正确性，在自动对账的基础上还要进行手工补对。例如，自动对账只能针对"一对一"的情况进行对账，而对于"一对多""多对一"或"多对多"的情况，只能由手工对账来实现。

④输出余额调节表

在进行对账后，系统后根据对账结果自动生成银行存款余额调节表，以供用户查询打印或输出。

对账后，还可以查询银行日记账和银行对账单对账的详细情况，包括已达账项和未达账项。

⑤核销银行账

为了避免文件过大，占用磁盘空间，可以利用核销银行账功能将已达账项删除。对于企业银行日记账已达账项的删除不会影响企业银行日记账的查询和打印。

⑥长期未达账项审计

有的软件还提供长期未达账项审计的功能。通过设置截止日期以及至截止日期未达天数，系统可以自分理处将至截止日期未达账项未达天数超过指定天数的所有未达账项显示出来，以便企业了解长期未达账项的情况，从而采取措施对其追踪、加强监督、避免不必要的损失。

3．账簿管理

总账系统提供了强大的账证查询功能。可以查询打印总账、明细账、日记账、发生额余额表、多栏账、序时账等。不仅可以查询到已记账凭证的数据，而且查询的账表中也可以包含未记账凭证的数据，可以轻松实现总账、明细账、日记账和凭证的联查。

总账中的辅助核算，不仅可以使业务得到全面、详细的记录，而且还提供各种维度的辅助信息查询功能，为管理人员提供多方位的管理信息。

（1）基本会计账簿查询

基本会计账簿就是手工处理方式下的总账、明细账、日记账、多栏账等。凭证记账后，所有的账簿资料自动生成。

①总账

查询总账时，显示指定查询科目的年初余额、各月累计发生额合计、全年累计发生额和月末余额等。

②发生额余额表

发生额余额表可以显示全部科目的期初余额、本期发生额、累计发生额和期末余额等。

③明细账

明细账以凭证为单位显示各账户的明细发生情况，包括日期、凭证号、摘要、借方发生额、贷方发生额和余额等。

明细账的格式包括金额式、数量金额式、外币金额式、数量外币式等。

④序时账

序时账根据记账凭证以流水账的形式反映各账户的信息，包括日期、凭证号、摘要、方向、数量、外币及金额等。

⑤日记账

手工状态下，限于会计人员的劳动强度及科目重要性，一般只对库存现金和银行存款科目记日记账。信息化环境下，记账工作不再成为负担，只要有必要，只要在会计科目界面选中"日记账"选项，可以对任何需要的科目记日记账。

日记账的内容包括日期、凭证号、摘要、对方科目、借方发生额、贷方发生额和余额等。

⑥多栏账

在查询多栏账之前，必须先定义多栏账的格式。多栏账格式设置可以有两种方式：自动编制栏目和手工编制栏目。

（2）辅助核算账簿查询

辅助账在手工环境下一般作为备查账存在。信息化环境下，设置了辅助核算的科目可以查询其相应的辅助账。

①个人核算

个人核算主要用于个人借款、还款管理工作，及时地控制个人借款，完成清欠工作。个人核算可以提供个人往来明细账、催款单、余额表、账龄分析报告及自动清理核销已清账等功能。

②部门核算

部门核算主要为了考核部门收支的发生情况，及时地反映控制部门费用的支出，对各部门的收支情况加以比较分析，便于部门考核。部门核算可以提供各级部门的总账、明细账，以及对各部门收入与费用进行部门收支分析等功能。

③项目核算

项目核算用于收入、成本、在建工程等业务的核算，以项目为中心为使用者提供各项目的成本、费用、收入、往来等汇总与明细信息，以及项目计划执行报告等。

④客户核算和供应商核算

客户核算和供应商核算主要用于客户和供应商往来款项的发生、清欠管理工作，及时掌握往来款项的最新情况。可以提供往来款的总账、明细账、催款单、对账单、往来账清理、账龄分析报告等功能。如果用户启用了应收款管理系统和应付款管理系统的话，可以分别在这两个系统中对客户往来款和供应商往来款进行更为详细地核算与管理。

4.3 技能解析

4.3.1 填制凭证

在用友U8中，记账凭证是登记账簿的依据，是总账系统的唯一数据源，如图4-2所示，填制凭证也是最基础和最频繁的日常工作。在总账系统中，账簿的准确与完整完全依赖于记账凭证，因此必须确保正确地录入记账凭证，U8系统也提供了一些控制手段用于检查凭证中各个项目正确与否。

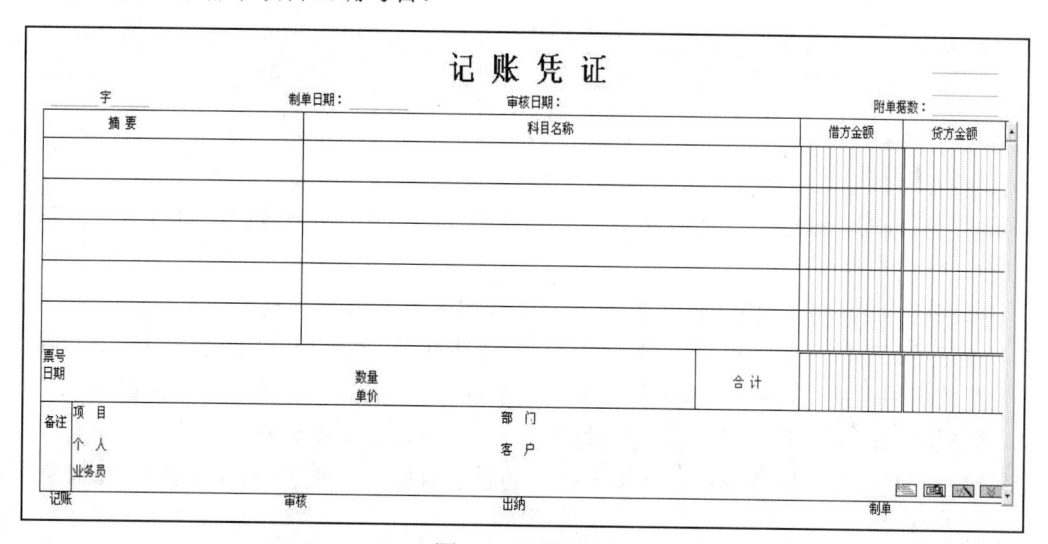

图4-2 记账凭证

凭证上应填制的项目及注意事项如下所述。

1. 凭证类别

按照企业在基础档案设置中设置的凭证类别系统自动显示。如企业只选择了"记账凭证"凭证类别，则默认显示"记"；如果企业选择了"收款凭证、付款凭证、转账凭证"三种凭证类别，增加凭证时系统自动显示"收"，如果当前录入的是付款凭证，需要更换凭证类别。

如果在设置凭证类别时设置了凭证的限制类型，那么必须符合限制类型的要求，否则系统会给出错误提示。例如，假定企业选择了"收、付、转"三类凭证，且设置了收款凭证的限制类型为"借方必有"科目"1001，1002"，如果企业发生了"销售产品，货款未收"的业务，应借记应收账款科目、贷记主营业务收入科目，如果用户误选择了"收款凭证"类别，保存时系统会提示"不满足借方必有条件"。

2. 凭证编号

如果选择了凭证编号方式为"系统编号"，那么系统按凭证类别、按月自动顺序编号，即每月都从收-0001、付-0001、转-0001重新排号。如果选择"手工编号"方式，需要手工输入凭证号，但应注意凭证号的连续性、唯一性。

3. 凭证日期

填制凭证时，日期一般自动取登录系统时的业务日期。选择"制单序时控制"的情况下，凭证日期应大于等于该类凭证最后一张凭证日期，但不能超过机内系统日期。

4. 附单据数

记账凭证打印出来后，应将相应的原始凭证粘附其后，这里的附单据数就是指将来该记账凭证所附的原始单据数。

5. 摘要

摘要是对经济业务的概括说明。因为计算机记账时是以记录行为单位，因此每行记录都要有摘要，不同记录行的摘要可以相同也可以不同，每行摘要将随相应的会计科目在明细账、日记账中出现。可以直接输入，如果定义了常用摘要的话，也可以调用常用摘要。

6. 会计科目

填制凭证时，要求会计科目必须是末级科目。可以输入科目编码、科目名称、科目助记码。

如果输入的是银行科目，一般系统会要求输入有关结算方式的信息，此时最好输入，以方便日后银行对账；如果输入的科目有外币核算，系统会自动带出在外币设置中已设置的相关汇率，如果不符还可以修改，输入外币金额后，系统会自动计算出本币金额；如果输入的科目有数量核算，应该输入数量和单价，系统会自动计算出本币金额；如果输入的科目有辅助核算，应该输入相关的辅助信息，以便系统生成辅助核算信息。

7. 金额

金额可以是正数或负数（即红字），但不能为零。凭证金额应符合"有借必有贷，借贷必相等"原则，否则将不能保存。

另外，如果设置了常用凭证，可以在填制凭证时直接调用常用凭证，从而提高凭证录入的速度和规范性。

4.3.2 审核凭证

填制凭证完成后，必须经过审核才能记账，如图4-3所示。按照内部控制要求，审核与制单不能为同一人。

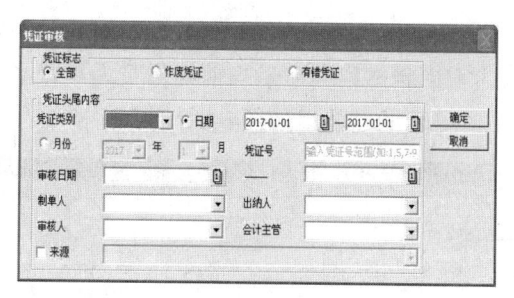

图4-3　凭证审核

用友U8中提供单张审核和成批审核两种方式。

审核过程中，如果审核通过，则单击"审核"按钮，凭证下方的审核处签署当前登录用户的姓名；如果发现错误，可单击"标错"按钮，系统打开"填写凭证错误原因"对话框，输入错误描述，单击"确定"按钮返回，凭证左上角将标注"有错"字样，之后制单人在查询凭证环节可以只查看有错的凭证。

4.3.3　记账

凭证审核之后可以进行记账处理。用友U8中，记账由计算机自动将已审核凭证数据登记总账、日记账、明细账、辅助账，大大提高了工作效率和质量。

1．记账相关注意事项

（1）期初余额试算不平衡系统不允许记账。

（2）未审核凭证不允许记账。但作废凭证无需审核可直接记账。

（3）上月未结账，本月不能记账。

2．记账过程

（1）选择记账范围：记账范围可输入数字、"-"和"，"，如输入"1-3"表示对第1、第2、和第3张凭证记账；选择"1,3"表示对第1张和第3张凭证记账。

（2）记账处理：记账之前检查期初是否试算平衡，进行记账处理时，总账、明细账、日记账、相关辅助账同步登记完成。

（3）记账完成，会显示科目汇总情况，也可查看记账报告。

4.4　样题解答

在考生文件夹下新建一个文件夹，命名为X4_01。

进行以下操作之前，已经由系统管理员引入了账套文件Y4_01，且以1012操作员身份登录101账套。

1．以1012操作员的身份登录101账套

（1）执行"开始"→"所有程序"→"用友U8V10.1"→"企业应用平台"命令，打开"登录"对话框。

（2）录入操作员"1012"，密码"012"，单击"账套"栏的下三角按钮，选择

"[101] (default)ufida101"，操作日期设置为"2017-01-11"。单击"登录"按钮，进入"企业应用平台"窗口。窗口状态栏中显示当前操作员为"张华"。

（3）在业务工作中，显示的功能组如图4-4所示。

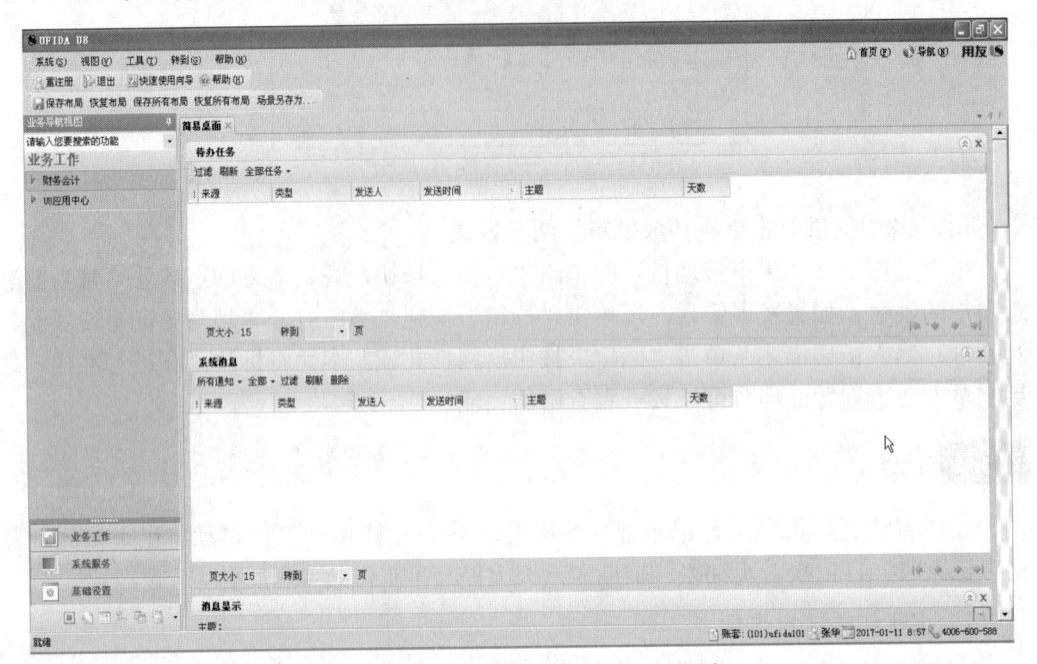

图4-4 以1012操作员身份登录101账套

上述窗口与图3-16以账套主管身份登录101账套的窗口有所区别，原因在于1012操作员和1011操作员权限不同所致。

2．填制凭证

（1）第1张凭证

业务特征："银行存款/工行存款"科目设置了"银行账"辅助核算。

①在企业应用平台业务工作中，执行"总账"→"凭证"→"填制凭证"命令，进入"填制凭证"窗口。

凭证界面上有5行，在U8中称为分录行，如果是多借多贷超过5行的，在凭证号之后会自动出现分单号，如0001/0002；下方的制单处显示"张华"，该用户名由系统自动根据登录的用户识别，以明确经济责任。

②单击"增加"按钮或者按F5键，系统自动增加一张空白记账凭证。

③如果设置了多个凭证类别且当前凭证类别不符合需要，那么单击凭证类别的参照按钮，从中选择正确的凭证类别。按回车键，凭证号0001自动生成。

④修改凭证日期为"2017.01.11"。按照制单序时控制要求，制单日期不能小于上一张同类型凭证的制单日期，且不能大于系统日期。

⑤输入附单据数。附单据数是指该记账凭证所附原始单据的张数，可以为空。

⑥在摘要栏直接录入摘要"提取备用金"。按回车键，或用鼠标单击"科目名称"栏，单击科目名称栏的参照按钮（或按F2键），选择"资产"类科目"1001 库存现

金",如图4-5所示。

图4-5 参照选择会计科目

或者直接在科目名称栏输入"1001",按回车键,输入录入借方金额"10 000"。

⑦按回车键,系统自动复制上一行的摘要,可以修改。输入贷方科目"100201",按回车键,打开"辅助项"对话框。按题目要求,输入结算方式为"201现金支票",票号为"1701",如图4-6所示。

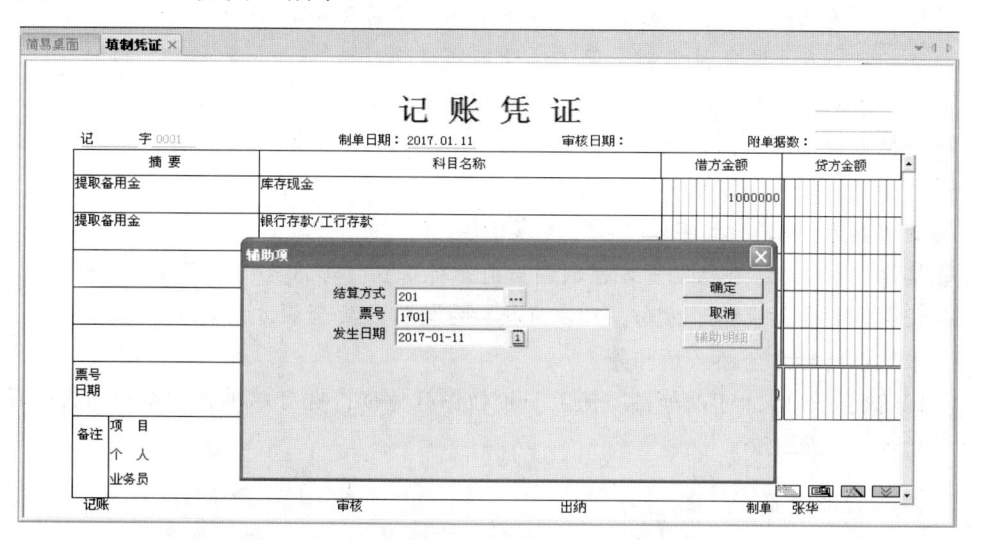

图4-6 与银行账科目相关的辅助项对话框

⑧单击"确定"按钮,录入贷方金额时,可以在贷方金额处直接按"="键,系统自动计算目前借贷方差额并放置于当前位置。

⑨单击"保存"按钮,系统弹出"凭证已成功保存!"信息提示框,单击"确定"按钮返回,如图4-7所示。

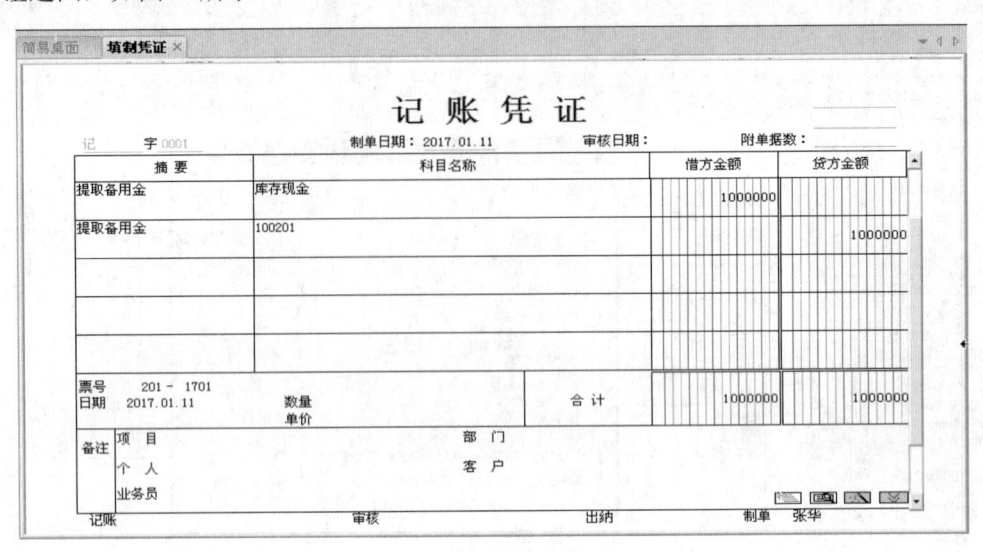

图4-7 填制第1张凭证

提示:

- 如果在设置凭证类别时已经设置了不同种类凭证的限制类型及限制科目,那么在填制凭证时,若凭证类别选择错误,则在进入新的状态时系统会提示凭证不能满足的条件,且凭证不能保存。
- 选择了系统编号方式,凭证编号将按凭证类别按月顺序编号。
- 凭证一旦保存,其凭证类别、凭证编号不能修改。
- 正文中不同分录行的摘要可以相同也可以不同,但不能为空。每行摘要将随相应的会计科目在明细账、日记账中出现。
- 科目编码必须是末级的科目编码。
- 金额不能为"零";红字以"—"号表示。
- 直接按"="键意为取借贷方差额到当前光标位置。每张凭证上只能使用一次。
- 如果凭证的金额录错了方向,可以直接按空格键改变金额方向。
- 每张凭证借贷方金额必须相等。
- 凭证填制完成后,可以单击"保存"按钮保存凭证,也可以单击"增加"按钮保存并增加下一张凭证。

(2)第2张凭证

业务特征:"管理费用/办公费"科目设置了"部门核算"辅助核算。

①在"填制凭证"窗口中,单击"增加"按钮,增加"记"字0002号凭证。

②输入摘要"购买办公用品",输入科目"660201",打开"辅助项"对话框。选择部门"总经办",如图4-8所示。

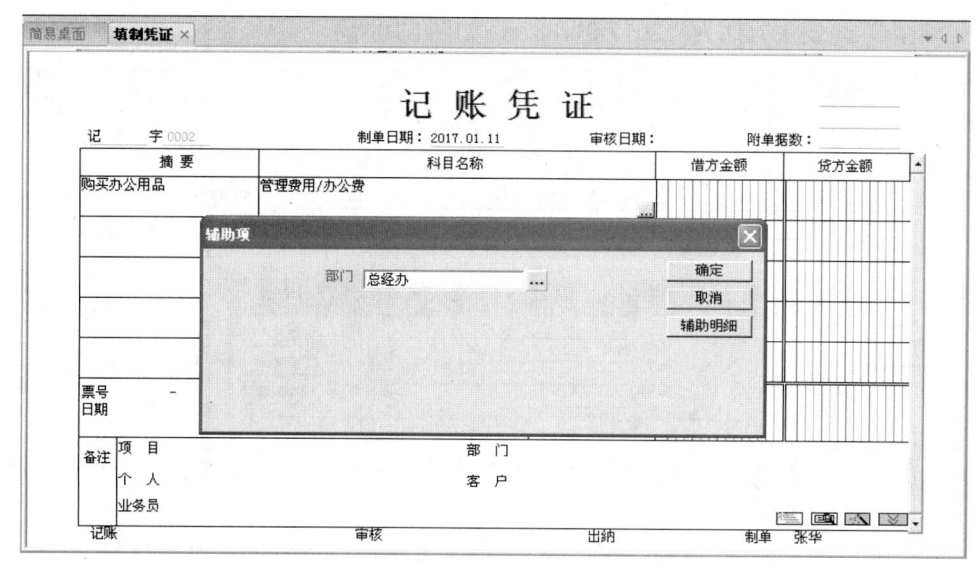

图4-8 与部门辅助核算科目相关的辅助项对话框

③单击"确定"按钮,输入凭证上的其他内容,单击"保存"按钮。

(3)第3张凭证

业务特征:"其他应收款"科目设置了"个人往来"辅助核算。

①在"填制凭证"窗口中,单击"增加"按钮,增加"记"字0003号凭证。

②输入摘要"预借差旅费",输入科目"1221",打开"辅助项"对话框。选择部门"销售部",个人"纪群",如图4-9所示。

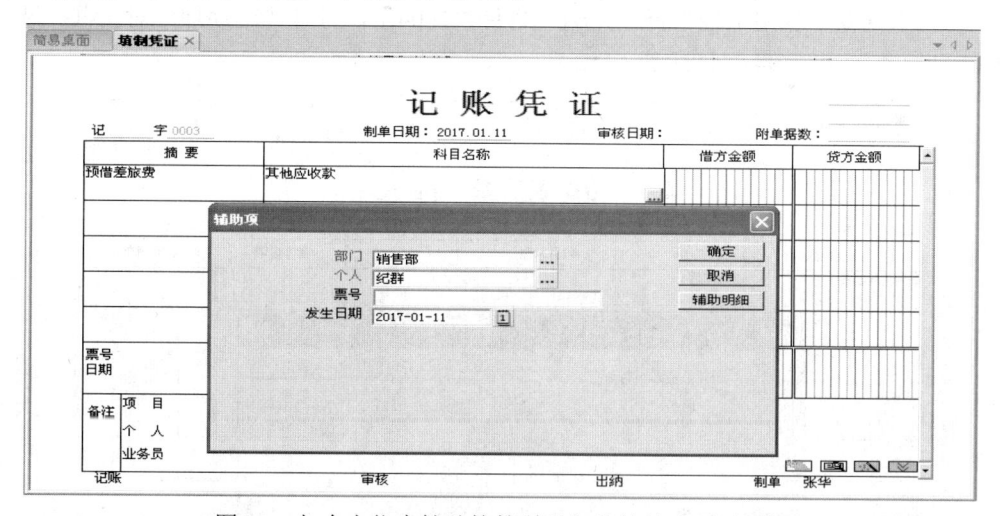

图4-9 与个人往来辅助核算科目相关的辅助项对话框

③单击"确定"按钮,输入凭证上的其他内容,单击"保存"按钮。

(4)第4张凭证

业务特征:"应收账款"科目设置了"客户往来"辅助核算。

①在"填制凭证"窗口中,单击"增加"按钮,增加"记"字0004号凭证。

②输入摘要"销售商品一批",输入科目"1122",打开"辅助项"对话框。选择

客户"新淮",发生日期为"2017-01-11",如图4-10所示。

图4-10　与客户往来辅助核算科目相关的辅助项对话框

③单击"确定"按钮,输入凭证上的其他内容,单击"保存"按钮。

(5)第5张凭证

业务特征:"在建工程"科目设置了"项目核算"辅助核算。

①在"填制凭证"窗口中,单击"增加"按钮,增加"记"字0005号凭证。

②输入摘要"领用工程物资",输入科目"1604",打开"辅助项"对话框。选择项目"1号楼",如图4-11所示。

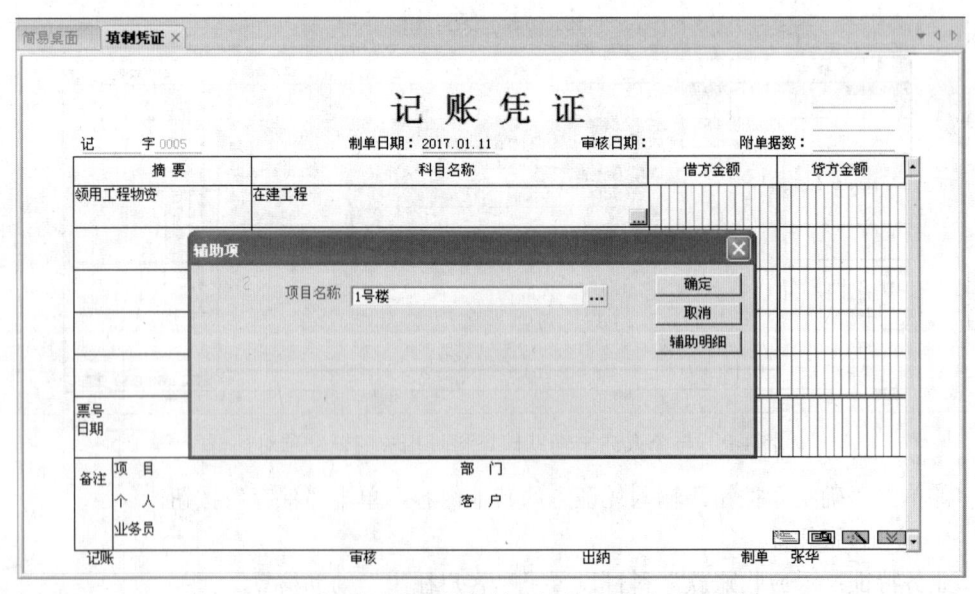

图4-11　与项目辅助核算科目相关的辅助项对话框

③单击"确定"按钮,输入凭证上的其他内容,单击"保存"按钮。

3．审核凭证

更换为操作员1011，审核全部记账凭证。

（1）更换操作员

会计内部控制要求，制单与审核不能为同一人。因此，张华制单后，需要由另外操作员进行审核，本例由账套主管王欣东审核。

①在"企业应用平台"窗口，单击左上角"重注册"按钮，打开"登录"对话框。

②以"1011 王欣东"（密码为011）的身份重新登录"企业应用平台"窗口，进入总账系统。

（2）审核凭证

①执行"凭证"→"审核凭证"命令，打开"凭证审核"对话框，如图4-12所示。

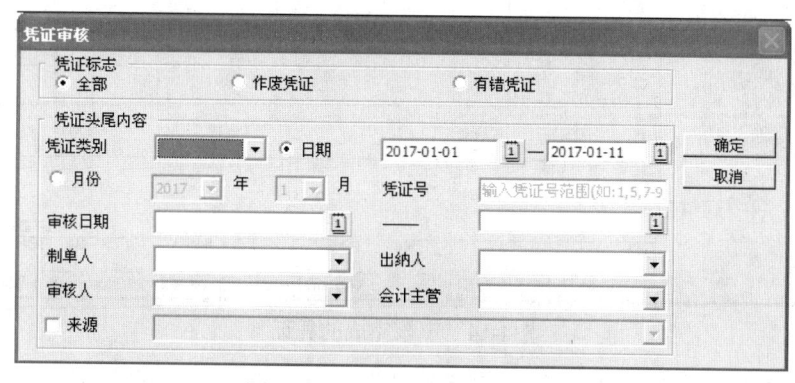

图4-12 "凭证审核"对话框

②可以按需要根据对话框中给定的条件来查找要审核的凭证，如可以按凭证类别、按日期范围、按凭证的制单人等条件。本题直接单击"确定"按钮，进入"凭证审核列表"界面，如图4-13所示。

图4-13 "凭证审核列表"界面

③双击待审核的第1张记账凭证，进入"审核凭证"界面。

④检查无误后，单击"审核"按钮（第1号收款凭证审核完成后，系统自动翻页到

第2张待审核的凭证),再单击"审核"按钮,直到将已经填制的5张凭证全部审核签字。审核完成的凭证在凭证底部的审核处已签署审核人的姓名,如图4-14所示。

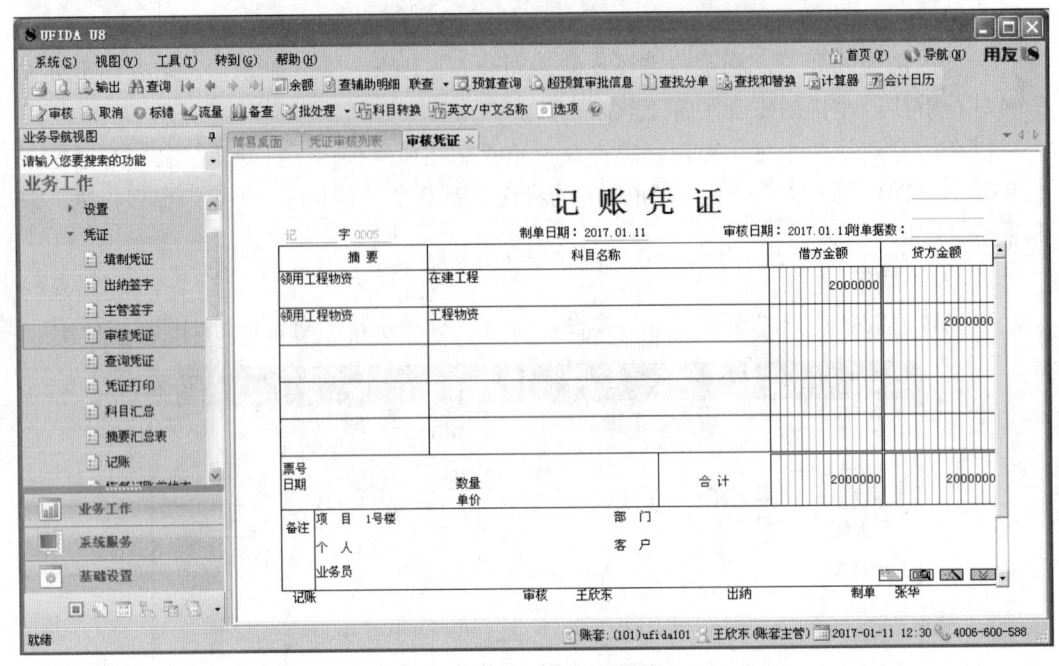

图4-14 审核完成的凭证

⑤单击"退出"按钮退出。

提示:

- 系统要求制单人和审核人不能是同一个人,因此在审核凭证前一定要首先检查一下,当前操作员是否就是制单人,如果是,则应更换操作员。
- 审核日期必须大于等于制单日期。
- 审核中发现凭证错误可以进行"标错"处理,以方便制单人准确定位错误凭证以便修改。
- 作废凭证不能被审核,也不能被标错。
- 凭证一经审核,不能被修改、删除,只有原审核签字人取消审核签字后才可修改或删除。
- 可以执行"批处理"→"成批审核凭证"命令对所有凭证进行审核签字。

4.记账

由操作员1011对已审核凭证进行记账。

(1)执行"凭证"→"记账"命令,打开"记账"对话框,如图4-15所示。

(2)单击"全选"按钮,选择对所有已审核凭证进行记账。记账范围处显示"1-5"。

(3)单击"记账"按钮,打开"期初试算平衡表"对话框,如图4-16所示。

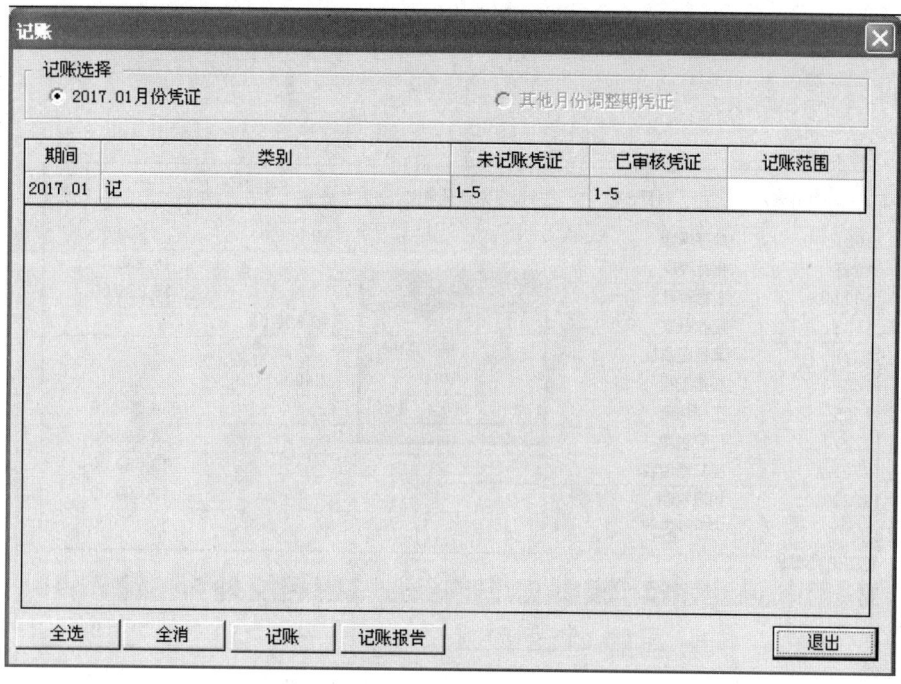

图4-15　记账选择

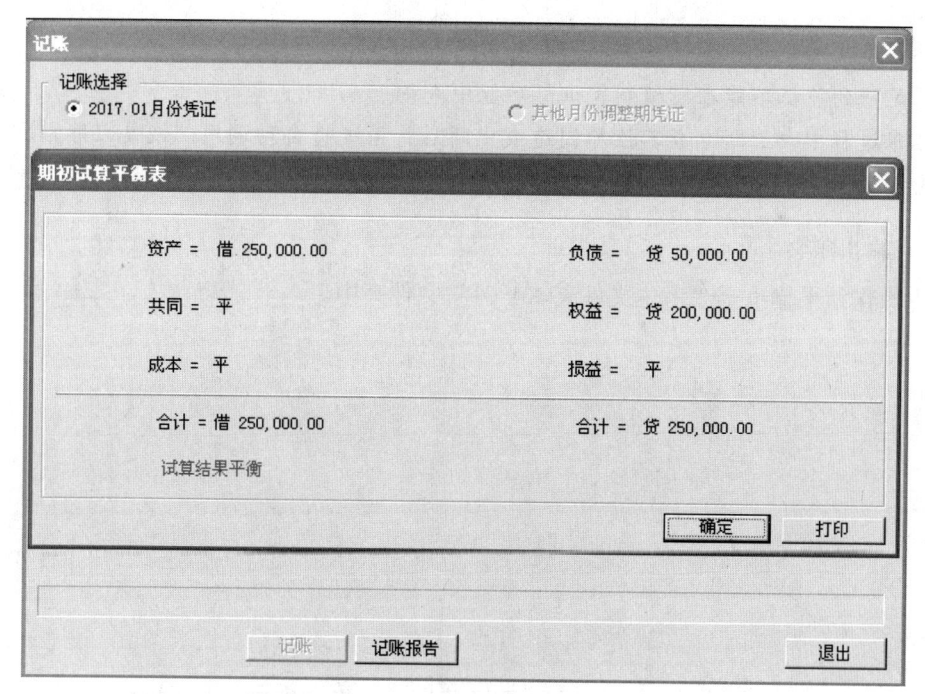

图4-16　记账之前进行期初试算平衡检查

（4）单击"确定"按钮，系统自动进行记账，记账完成后，系统弹出"记账完毕！"信息提示框，如图4-17所示。

（5）单击"确定"按钮。单击"退出"按钮。

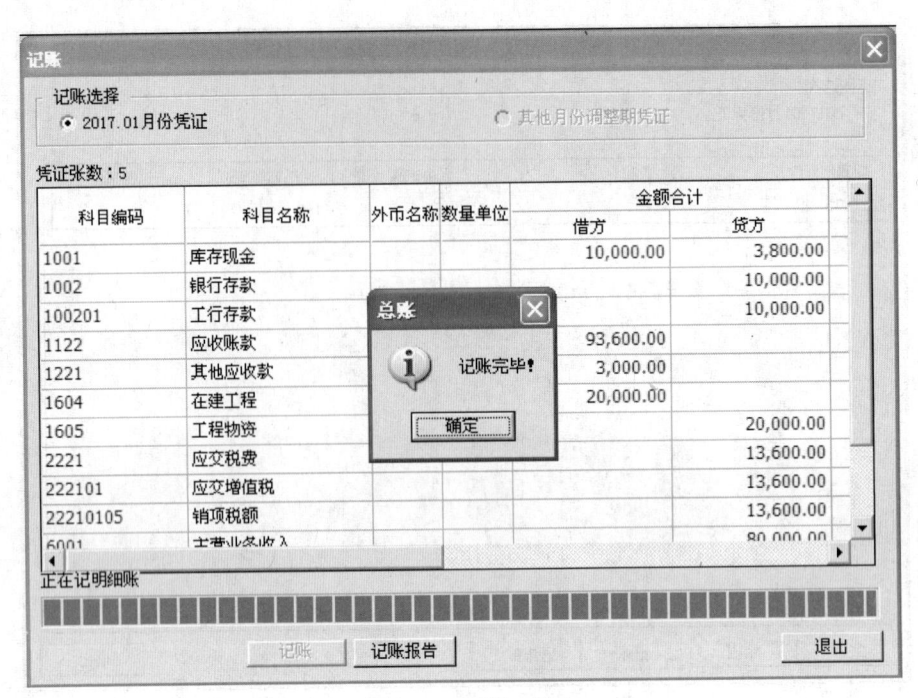

图4-17 记账完毕

> 提示：
> - 已记账的凭证不能在"填制凭证"功能中查询。
> - 记账过程中一旦断电或其他原因造成中断后，系统将自动调用"恢复记账前状态"恢复数据，然后再重新记账。

5．输出账套

将操作结果输出至"考生文件夹\X4_01"文件夹中。

第5章　总账期末处理

手工环境下，月末是财务人员最忙碌的一段时间，忙于结账和编报。用友U8中，编制报表是由单独的子系统完成的，总账期末处理主要包括自动转账凭证的定义、自动转账凭证的生成、对账和结账。

本章主要内容
- 理解总账期末处理的工作内容
- 自定义凭证
- 生成自定义凭证

评分细则

本章分值为13分，设3个评分点，评分点、分值、得分条件及判分要求如下。

序号	评分点	分值	得分条件	判分要求
1	自定义转账/记账凭证	5	凭证定义正确	借贷科目、取数公式正确 指定内容正确
2	生成自定义凭证	4	正确生成凭证	正确生成相应的凭证
3	对自定义凭证进行审核记账	4	对自定义生成的凭证正确进行审核并记账	审核、记账正确

本章导读

综上所述，我们明确了本章所要求掌握的技能考核点以及对应《试题汇编》单元的评分点、分值、得分条件和判分要求等。本章结构及逻辑框架为：

- 样题示范：展示《试题汇编》中的一道真题。
- 基本认知：概括介绍本章考核内容对应的U8子系统的主要功能。
- 技能解析：详细讲解本章中涉及到技能考核点和相关知识点。
- 样题解答：给出真题的详细操作指导。

5.1　样题示范

【练习目的】

从《试题汇编》中选取样题，了解本章题目类型，掌握本章重点技能点。

【样题来源】

《试题汇编》第5单元5.1题（随书光盘中提供了本样题的操作视频）。

【操作要求】

在考生文件夹下新建一个文件夹，命名为X5_01。

以系统管理员身份登录系统管理，引入C:\2016U8soft\Unit5文件夹下的账套文件Y5_01。

以1012操作员的身份（密码为012）登录101账套，登录日期为"2017-01-31"，自定义转账凭证并生成凭证。以1011操作员的身份（密码为011）登录101账套，登录日期为"2017-01-31"，对生成的自定义凭证进行审核、记账。

1．自定义转账凭证

按短期借款期初余额的6%计提短期借款利息。

借：财务费用（6603）　　　QC（2001,月）*0.06/12
　　贷：应付利息（2231）　　JG（）

2．生成自定义凭证

生成计提短期借款利息的凭证并保存。

借：财务费用（6603）　　　250
　　贷：应付利息（2231）　　　250

3．对自定义凭证进行审核记账

更换为1011操作员，将以上自定义凭证审核、记账。

4．输出账套

将操作结果输出至"考生文件夹\X5_01"文件夹中。

5.2　基本认知

每个会计期末，会计人员都要完成一些特定的工作，如期末转账、试算平衡、对账、结转及财务报告编制等。期末处理完成后，才能开启下一个会计期间。

5.2.1　总账期末处理的工作流程

总账期末处理的工作流程如图5-1所示。

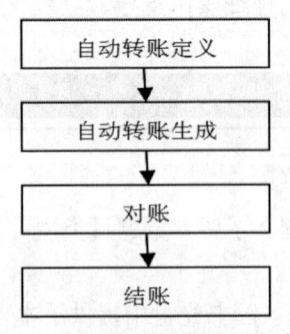

图5-1　总账期末处理的工作流程

5.2.2 总账期末处理的主要内容

总账系统月末处理主要包括自动转账凭证的定义、自动转账凭证的生成、对账和结账等内容。

1．转账定义

（1）转账的分类

转账分为内部转账和外部转账。外部转账是指将其他专项核算子系统自动生成的凭证转入到总账系统，如工资系统有关工资费用分配的凭证、固定资产系统有关固定资产增减变动及计提折旧的凭证、应收款管理系统有关应收账款发生、收回及坏账准备的凭证、应付款管理系统有关应付账款发生及偿还的凭证。而内部转账就是我们这里所讲的自动转账，是指在总账系统内部通过设置凭证模板而自动生成相应的记账凭证。一些期末业务具有较强的规律性，而且每个月都会重复发生，例如费用的分配、费用的分摊、费用的计提、税金的计算、成本费用的结转、期间损益的结转等等。这些业务的凭证分录是固定的，金额来源和计算方法也是固定的，因而可以利用自动转账功能将处理这些经济业务的凭证模板定义下来，期末时通过调用这些模板来自动生成相关凭证。

（2）定义自动转账

用友U8中提供了自定义转账、对应结转、销售成本结转、售价结转、汇兑损益结转、自定义比例转账、费用摊销和预提几种类型的转账定义。

① 自定义转账

自定义转账指由用户自己来定义转账凭证模板，定义内容包括转账序号、凭证类型、摘要、科目、借贷方向和金额公式。其中，金额公式需要利用U8提供的账务函数从总账或其他子系统中提取。

自定义转账设置具有通用性，下面介绍的另外几种类型的转账都是自定义转账对应于某种具体应用的特殊情况。

② 对应结转

对应结转是将某科目的余额按一定比例转入其他一个或多个科目。可一对一结转，也可一对多结转。对应结转只能结转期末余额。

③ 销售成本结转

销售成本结转，是将月末商品（或产成品）销售数量乘以库存商品（或产成品）的平均单价计算各类商品销售成本并进行结转。销售成本结转只需告知系统库存商品科目、主营业务收入科目和主营业务成本科目，系统将销售成本结转凭证定义为：

借：主营业务成本　　（库存商品余额/库存商品数量）×销量
　　贷：库存商品　　　　（库存商品余额/库存商品数量）×销量

库存商品科目、主营业务收入科目、主营业务成本科目及下级科目的结构必须相同，并且辅助账类必须完全相同。

④ 汇兑损益结转

汇兑损益结转用于期末自动计算外币账户的汇兑损益，并在转账生成中自动生成汇兑损益转账凭证。

⑤期间损益结转

期间损益结转用于在一个会计期间结束将损益类科目的余额结转到本年利润科目中，从而及时反映企业利润的盈亏情况。

2．转账生成

凭证模板定义好以后，当每个月发生相关经济业务时可不必再通过手工录入凭证，而可以直接调用已定义好的凭证模板来自动生成相关的记账凭证。

利用凭证模板生成记账凭证需要每月重复进行。

3．对账

对账是对账簿数据进行核对，以检查记账是否正确，是否账账相符。对账包括总账与明细账、总账与辅助账的核对。试算平衡时系统会将所有账户的期末余额按会计平衡公式"借方余额=贷方余额"进行平衡检验，并输出科目余额表。正常情况下，系统自动记账后，应该是账账相符的，账户余额也是平衡的。但由于非法操作或计算机病毒等原因有时可能会造成数据被破坏，因而导致账账不符，为了检查是否账证相符、账账相符以及账户余额是否平衡，应经常使用对账及试算平衡功能。结账时，一般系统会自动进行对账和试算平衡。

4．结账

每月月末都要进行结账。结账前最好要先进行数据备份。

每月结账时，系统会进行下列检查工作。

（1）检查当月业务是否已全部记账，有未记账凭证时不能结账。

（2）检查上月是否已结账，上月未结账，则当月不能结账。实际上，上月未结账的话，当月也不能记账，只能填制、复核凭证。

（3）核对总账与明细账、总账与辅助账，账账不符不能结账。

（4）对科目余额进行试算平衡，试算结果不平衡不能结账。

（5）损益类账户是否已结转至当年利润。

（6）当各子系统集成应用时，总账系统必须在其他各子系统结账后才能最后结账。

结账后，当月不能再填制凭证，并终止各账户的记账工作。同时，系统会自动计算当月各账户发生额合计及余额，并将其转入到下月月初。

5.3 技能解析

5.3.1 自定义转账凭证

企业各会计期间的许多期末业务具有较强的规律性，对于这类业务，可以设计由计算机进行自动处理，不但可以规范会计业务处理，还可以大大提高工作效率。

在会计电算化中级考核中，将用友U8中使用最广泛、最通用的自定义转账列为考核内容。自定义转账凭证功能可以完成各种费用的分配、分摊、计提、税金的计算及期间损益的结转设置等，如图5-2所示。

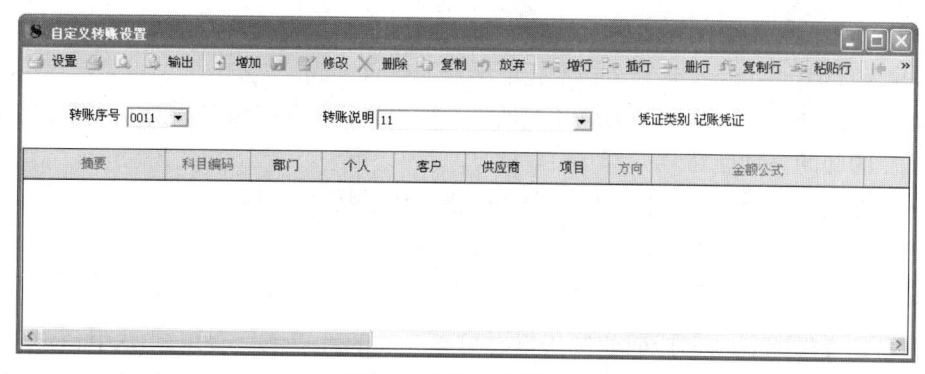

图5-2 自定义转账凭证

1．转账目录定义

增加自定义转账凭证时，首先需要定义转账目录（如图5-3所示），包括以下三项内容：

图5-3 转账目录

- 转账序号：指自定义转账凭证的唯一代号，可以输入数字、字母。注意转账序号不是凭证号，凭证号在生成自定义凭证时由系统根据凭证类别和当前凭证类别的最后序号加1生成。
- 转账说明：简要概括自定义转账凭证的经济内容。此处定义的转账说明内容会默认出现在凭证体的摘要栏中。
- 凭证类别：根据所定义的凭证内容选择。

2．转账内容定义

转账内容包括以下几项内容，如图5-4所示。

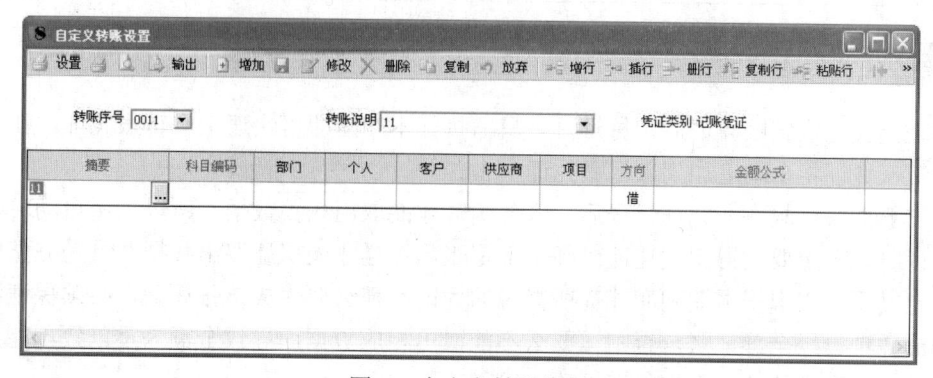

图5-4 自定义转账设置

- 摘要：系统自动带入转账说明中录入的内容。可以修改。
- 科目编码：录入或者选择本凭证涉及的科目编码。
- 部门、个人、客户、供应商、项目：如果科目设置了辅助核算，需要选择相应的辅助核算项目。
- 方向：选择当前科目是位于凭证的借方还是贷方。
- 金额：直接输入公式或者通过函数向导生成公式。

3．函数

在自定义转账凭证和后面的编辑报表单元公式的过程中，会用到U8中预定义的函数，这些函数的作用是帮助用户从数据库中获取所需数据或者完成数据计算。常用函数如表5-1所示。

表5-1 常用函数

函数分类	作用	具体函数
账务函数	金额函数	QC期初余额 QM期末余额 FS发生额（分为借方发生和贷方发生） LFS累计发生额（分为借方发生和贷方发生） JE净发生额
账务函数	数量函数	SQC数量期初余额 SQM数量期末余额 SFS数量发生额（分为借方发生和贷方发生） SLFS数量累计发生额（分为借方发生和贷方发生） JE数量净发生额
	取外币函数	WQC外币期初余额 WQM外币期末余额 WFS外币发生额（分为借方发生和贷方发生） W LFS外币累计发生额（分为借方发生和贷方发生） WJE外币净发生额
计算函数	计算	JG( ) 取对方科目计算结果 SJG( ) 取对方科目计算结果 WJG( ) 取对方科目计算结果
		CE( ) 借贷平衡差额 SCE( ) 借贷平衡差额 WCE( ) 借贷平衡差额

5.3.2 生成自定义凭证

在定义完成转账凭证后，每月月末只需执行本功能即可快速生成转账凭证，在此生成的转账凭证将自动追加到未记账凭证中去。

一般而言，只有在凭证记账后，账务函数才能取出相关数据。所以利用自动转账生成凭证时，一定要使得相关凭证已经全部记账，这样才能保证取出数据并且是完整的。例如定义了一张根据本期利润计提所得税的凭证，那么要生成该张凭证，必须保证有关利润的凭证已经全部记账，否则，要么不能取出相应数据而导致金额为零以致不能生成凭证，要么取出的数据不完整而导致所得税计提错误。

定义转账凭证时，一定要注意这些凭证的生成顺序。例如，定义了结转销售成本、计算汇兑损益、结转期间损益、计提所得税、结转所得税等五张自动转账凭证，因为销售成本、汇兑损益是期间损益的一部分，所以一定要先生成结转销售成本、计算汇兑损益的凭证并复核记账后，才能生成结转期间损益的凭证；因为要依据本期利润计提所得税，所以一定要先生成结转期间损益的凭证并复核记账后，才能生成计提所得税的凭证；因为有了所得税费用才能结转所得税至本年利润，所以一定要先生成计提所得税的凭证并复核记账后才能生成结转所得税的凭证。因此，这五张凭证的顺序是结转销售成本→计算汇兑损益→结转期间损益→计提所得税→结转所得税，并且前一张凭证必须复核记账后才能继续生成后一张凭证。

5.3.3 对自定义凭证进行审核记账

利用自动转账生成凭证属于机制凭证，它仅仅代替了人工查账和填制凭证的环节，自动转账生成的凭证仍然需要审核记账才能记入账簿。

5.4 样题解答

进行以下操作之前，已经由系统管理员引入账套文件Y5_01，且以1012操作员身份登录101账套。

1. 设置自定义结转凭证

（1）执行"期末"→"转账定义"→"自定义转账"命令，进入"自定义转账设置"窗口，如图5-5所示。

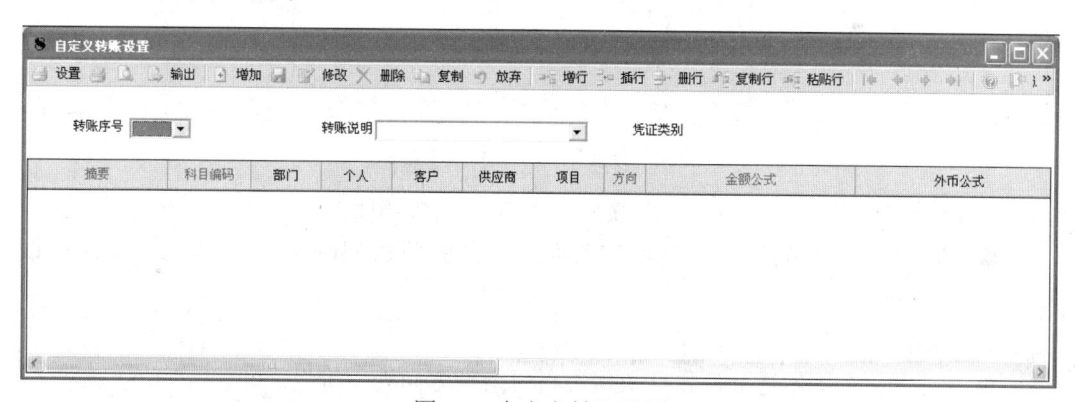

图5-5　自定义转账设置

（2）单击"增加"按钮，打开"转账目录"对话框。输入转账序号"0001"和转账说明"计提短期借款利息"；选择凭证类别"记账凭证"，如图5-6所示。

（3）单击"确定"按钮，返回"自定义转账设置"窗口。单击"增行"按钮，"摘要"中将自动带入刚刚录入的"转账说明"内容。

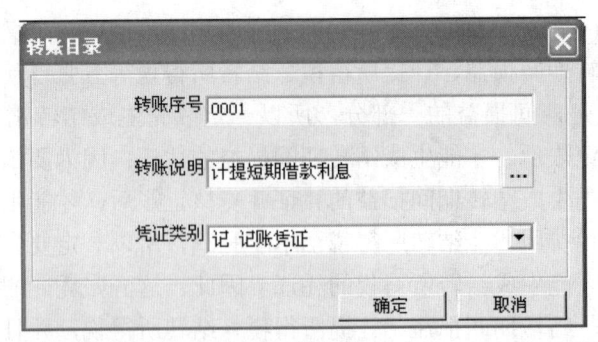

图5-6 转账目录

(4) 选择科目编码"6603"、方向"借";双击"金额公式"栏,选择参照按钮,打开"公式向导"对话框。对话框左边显示U8中预置的函数名称,右边是对应的函数公式。

(5) 选择"期末余额"函数,如图5-7所示。

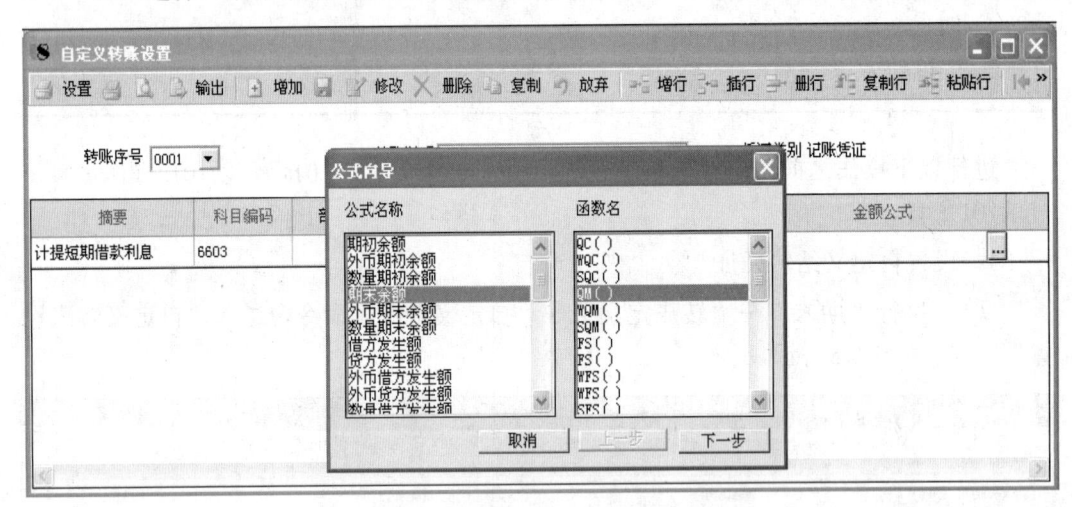

图5-7 选择"期末余额"函数

(6) 单击"下一步"按钮,继续公式定义,如图5-8所示。

- 科目:对话框打开时将默认前面录入的科目编码6603,此时重新选择科目"2001"。
- 期间:默认"月"。
- 方向:若不做选择,默认负债类科目余额方向为"贷"。

(7) 单击"完成"按钮,金额公式带回"自定义转账设置"窗口。将光标移至公式末尾,输入"*0.06/12",按回车键确认,如图5-9所示。

提示:不能在金额公式中录入百分数,如果录入6%,系统会弹出"金额公式不合法:词语或语法错误"信息提示框,如图5-10所示。

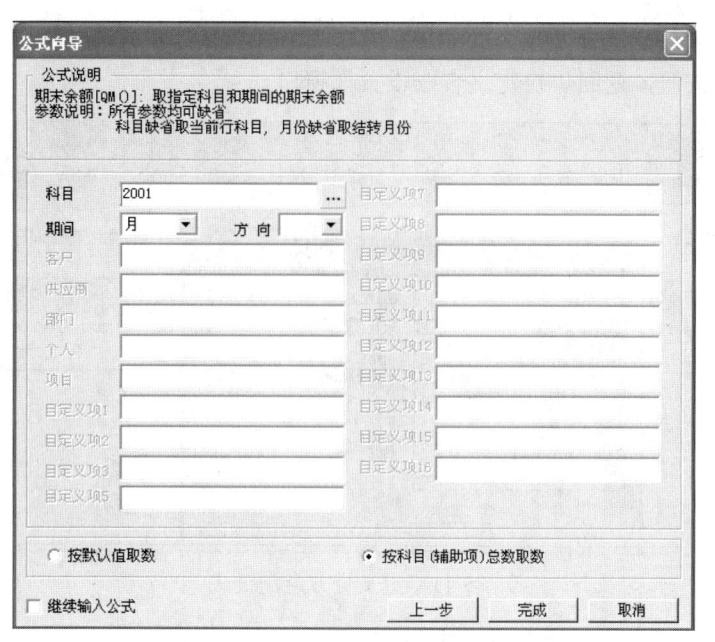

图5-8 定义金额公式

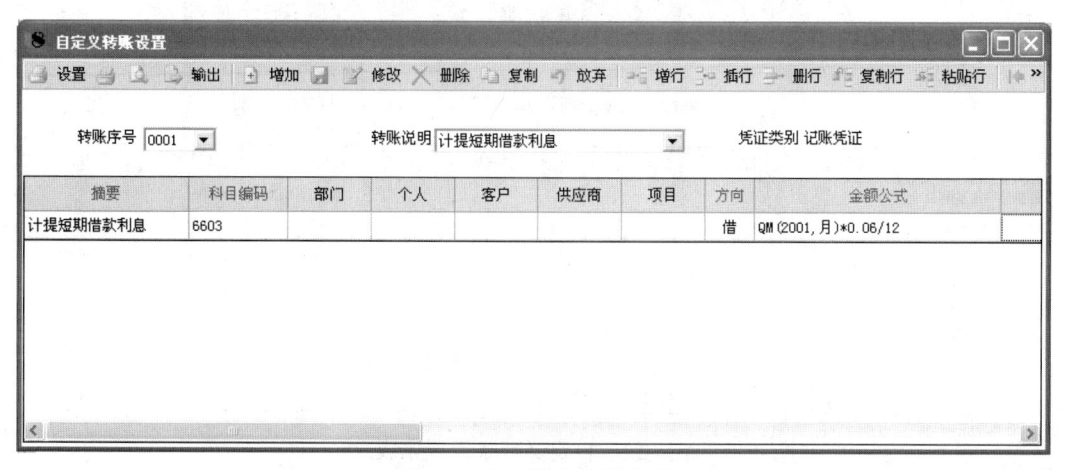

图5-9 定义借方金额公式

图5-10 公式错误提示

（8）单击"增行"按钮，确定分录的贷方信息。选择科目编码"2231"、方向

"贷",直接输入或选择金额公式"JG( )",如图5-11所示。单击"下一步"按钮,再单击"完成"按钮,返回"自定义转账设置"窗口。

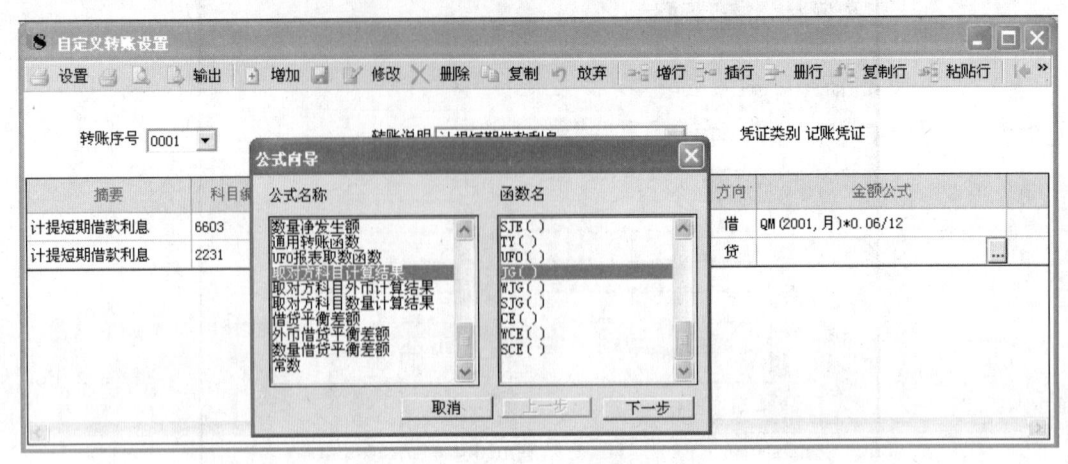

图5-11 定义贷方金额公式

(9)单击"保存"按钮,如图5-12所示。

图5-12 自定义转账设置完成

(10)关闭窗口。

2. 生成自定义凭证

(1)执行"期末"→"转账生成"命令,打开"转账生成"对话框。

(2)选中"自定义转账"单选按钮。单击"全选"按钮(或者选中要结转的凭证所在行),如图5-13所示。

(3)单击"确定"按钮,生成计提短期借款利息的凭证。单击"保存"按钮,凭证上出现"已生成"的标志,如图5-14所示。

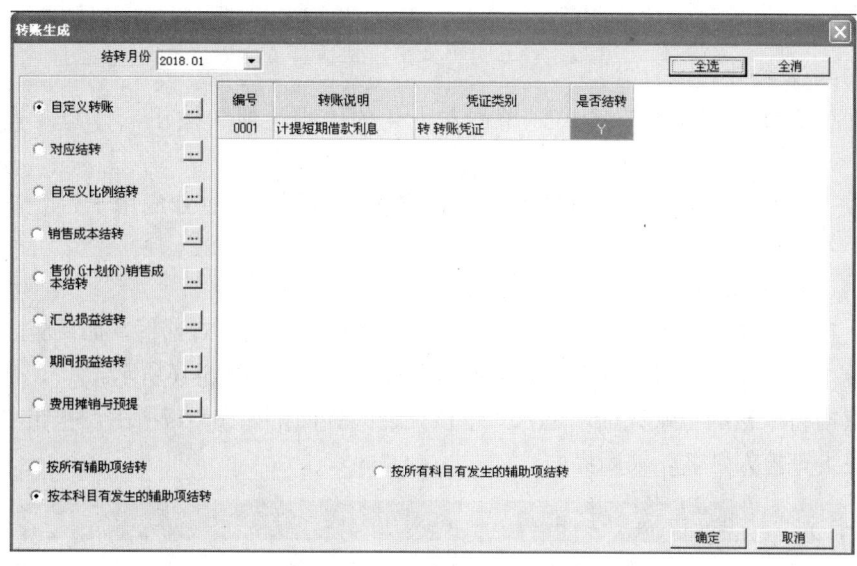

图5-13 "转账生成"对话框

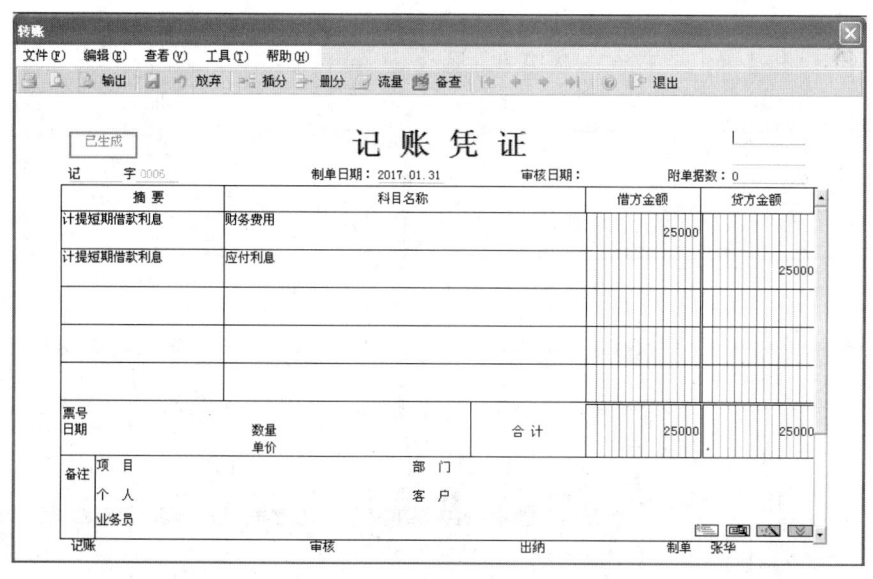

图5-14 生成自定义凭证

（4）单击"退出"按钮返回"转账生成"对话框。关闭对话框。

提示：
- 转账凭证生成的工作应在月末进行。如果有多种转账凭证形式，特别是涉及到多项转账业务，一定要注意转账的先后次序。
- 通过转账生成功能生成的凭证必须保存，否则将视同放弃。
- 期末自动转账处理工作是针对已记账业务进行的，因此，在进行月末转账工作之前应将所有未记账的凭证记账。

3．对自定义凭证进行审核记账

（1）更换操作员

①在"企业应用平台"窗口，单击左上角的"重注册"按钮，打开"登录"对话框。

②以"1011 王欣东"（密码为011）的身份重新登录"企业应用平台"，进入总账系统。

（2）审核凭证

①执行"凭证"→"审核凭证"命令，打开"凭证审核"对话框，如图5-15所示。

②单击"确定"按钮，进入"凭证审核列表"界面，如图5-16所示。

③双击待审核的记账凭证，进入"审核凭证"界面，如图5-17所示。单击"审核"按钮，签上审核人姓名。关闭界面。

图5-15 "凭证"审核对话框

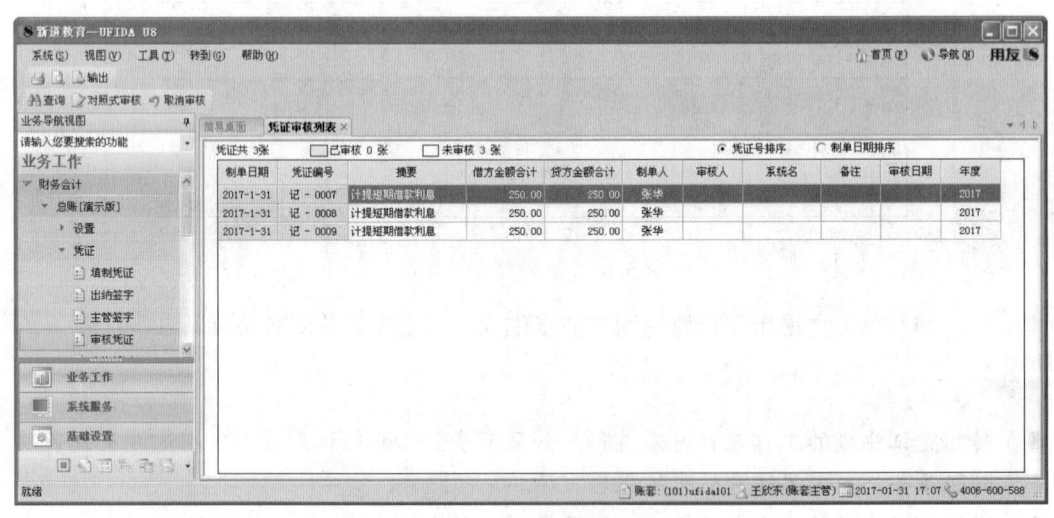

图5-16 凭证审核列表

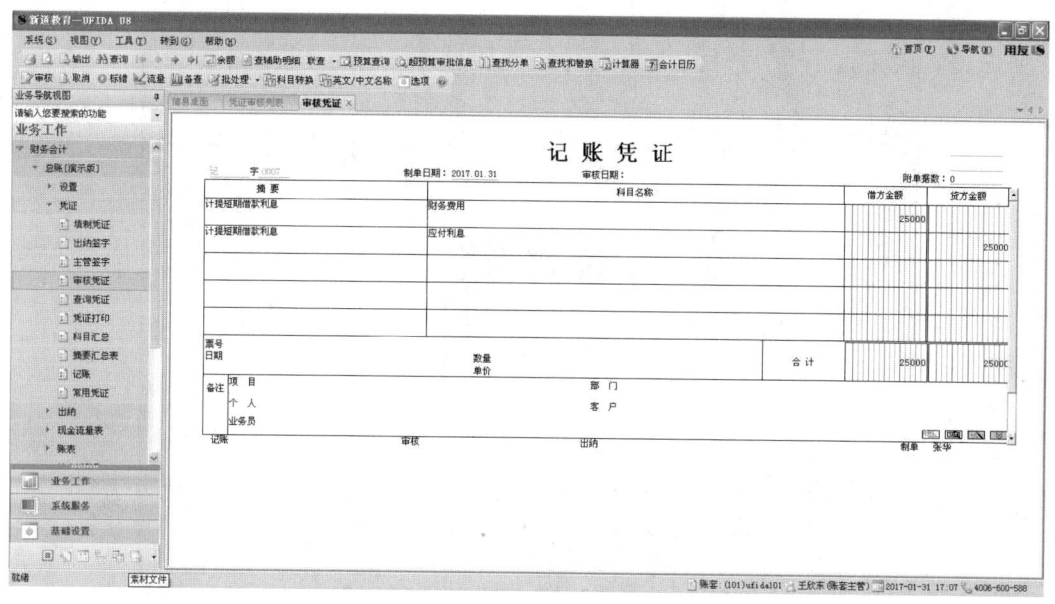

图5-17　审核凭证

(3) 记账

①执行"凭证"→"记账"命令，打开"记账"对话框，如图5-18所示。

②单击"全选"按钮，选择对所有已审核凭证进行记账。记账范围处显示"1-5"。

③单击"记账"按钮，打开"期初试算平衡表"对话框。

④单击"确定"按钮，系统自动进行记账，记账完成后，系统弹出"记账完毕！"信息提示框，如图5-19所示。

⑤单击"确定"按钮。单击"退出"按钮。

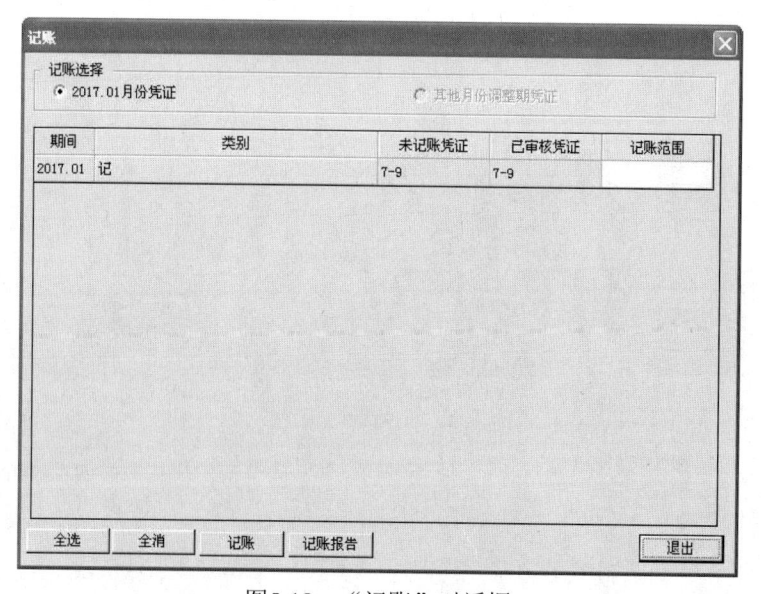

图5-18　"记账"对话框

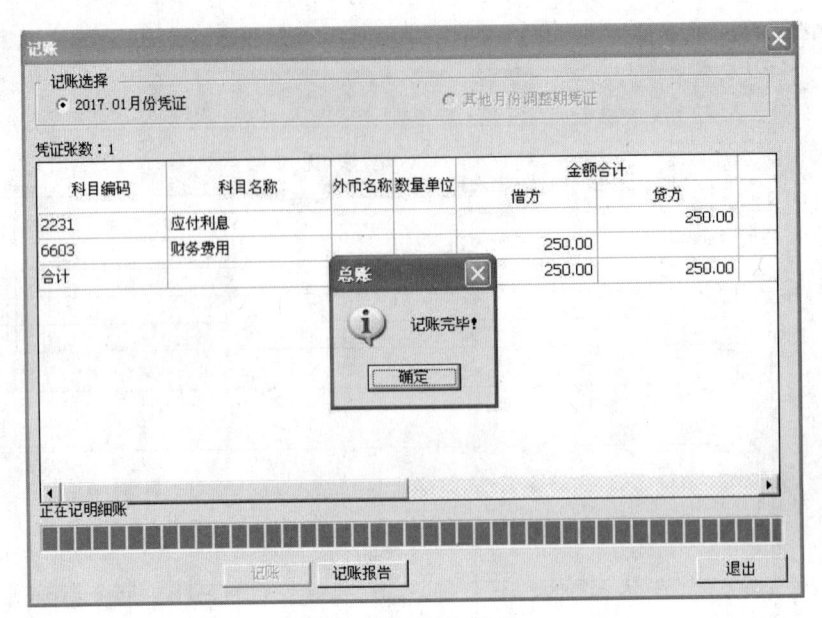

图5-19 记账完毕

4．输出账套

将操作结果输出至"考生文件夹\X5_01"文件夹中。

第6章 利用报表模板生成报表

企业每月要定期上报财务报表，高层管理人员也经常找财务要各种业务数据，每当月末，财务人员忙得焦头烂额，加班加点。如果使用了用友U8系统，是不是账务处理完成之后，报表就能自动生成了？

企业购买了财务软件，相当于购置了一套制作报表的工具，用友U8中是不包括各种现成的表格的。企业财务报表分为对外财务报告和对内管理报表。对外财务报告格式由国家统一规定，一般软件中对这些统一格式的报表提供报表模板，企业财务人员可以直接调用，略加调整就可以轻松生成对外财务报告，减少了财务人员绘制表格的工作量。对于企业内部管理报表，需要根据需要设置相应会计科目对日常发生的经济业务进行完整记录，编报时可以设置自定义报表格式，通过设置公式从数据库中读取数据来快速生成报表。因此，相比于手工编报，U8系统在编制报表的及时性、准确性上都有了极大提升。

本章主要内容
- 理解报表模板的作用
- 利用报表模板生成报表

评分细则

本章分值为10分，设3个评分点，评分点、分值、得分条件及判分要求如下。

序号	评分点	分值	得分条件	判分要求
1	调用报表模板	5	正确调用报表模板	行业性质和报表正确
2	录入关键字	3	正确录入关键字	关键字录入准确
3	保存报表	2	报表取数正确	在指定目录下有报表文件且数据正确

本章导读

综上所述，我们明确了本章所要求掌握的技能考核点以及对应《试题汇编》单元的评分点、分值、得分条件和判分要求等。本章结构及逻辑框架为：

- 样题示范：展示《试题汇编》中的一道真题。
- 基本认知：概括介绍本章考核内容对应的U8子系统的主要功能。
- 技能解析：详细讲解本章中涉及到技能考核点和相关知识点。
- 样题解答：给出真题的详细操作指导。

6.1 样题示范

【练习目的】
从《试题汇编》中选取样题，了解本章题目类型，掌握本章重点技能点。

【样题来源】
《试题汇编》第6单元6.1题（随书光盘中提供了本样题的操作视频）。

【操作要求】
在考生文件夹下新建一个文件夹，命名为X6_01。

以系统管理员身份登录系统管理，引入C:\2016U8soft\Unit6文件夹下的账套文件Y6_01。

以1011操作员的身份（密码为011）登录101账套，登录日期为"2017-01-31"，调用报表模板生成报表。

1．调用报表模板
在格式状态下调用利润表模板。

2．录入关键字
在数据状态下，录入关键字"2017年1月"，生成利润表。

3．保存报表
将利润表以"X6_01"命名并保存到"考生文件夹\X6_01"文件夹中。

6.2 基本认知

6.2.1 报表模板的作用

对于会计制度规定的企业需要上报的、格式基本固定的财务报表，为了减少用户自定义报表格式的工作量，用友U8中进行了预置。用户可以套用系统提供的标准报表格式，在标准报表格式的基础上根据本企业具体情况作局部修改，快速完成报表定义及生成工作。U8系统中按照会计制度预置的标准报表就成为报表模板，图6-1所示为利润表模板。

利用报表模板，可以迅速建立一张财务报表，简化报表定义工作，提高效率及规范性。另外，对于一些本企业常用但报表模板中没有提供的报表，在用户完成报表定义后也可以存为报表模板，方便日后调用。

6.2.2 利用报表模板生成报表的步骤

利用报表模板生成报表的步骤如图6-2所示。

图6-1 利润表模板

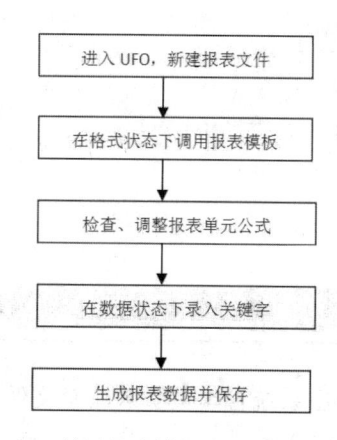

图6-2 利用报表模板生成报表的步骤

6.3 技能解析

6.3.1 调用报表模板

1. 在"格式"状态下调用报表模板

报表模板是预置了报表格式的文件,省却了财务人员自定义报表格式的工作。因此,需要在"格式"状态下调用。

2．正确选择企业所在的行业及要调用的报表

每个企业所处行业不同，每个行业报表格式也有所区别。调用报表模板时，需要选择在企业建账时选择的行业类型，才能保证调出来的报表模板格式符合会计制度要求。

U8系统中预置了资产负债表、利润表、现金流量表、现金流量表附表、所有者权益变动表这几张对外财务报告的格式，调用时需要选择正确的报表。

3．对报表模板进行调整

由于每个企业实际情况略有差别，另外报表模板本身的完善度也不相同，如现金流量表模板中只定义了部分公式，现金流量项目公式未定义。因此调用报表模板后，还需要认真检查，并对不完善之处进行补充修改直至达到使用要求。

6.3.2 录入关键字

关键字是确定U8系统从何处取得报表数据的唯一指引。

关键字在格式状态下定义，在数据状态下需要输入关键字值，如图6-3所示。关键字一旦录入，系统会自动从机内账簿中读取数据，生成报表。

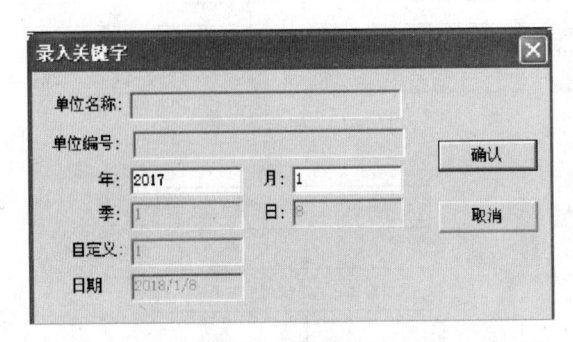

图6-3 录入关键字

6.4 样题解答

进行以下操作之前，已经由系统管理员引入账套文件Y6_01，且以1011操作员身份登录101账套企业应用平台。

1．进入UFO，调用报表模板

（1）在企业应用平台业务工作中，执行"财务会计"→"UFO报表"命令，进入"UFO报表"窗口，如图6-4所示。

（2）单击"新建"按钮，或执行"文件"→"新建"命令，打开一个新的报表文件，默认文件名为"report1"，并自动处于"格式"设计状态，如图6-5所示。

（3）在"格式"状态下，执行"格式"→"报表模板"命令，打开"报表模板"对话框。对话框打开时默认"您所在的行业"为"工业企业"，"财务报表"默认"资产负债表"，如图6-6所示。

第6章　利用报表模板生成报表

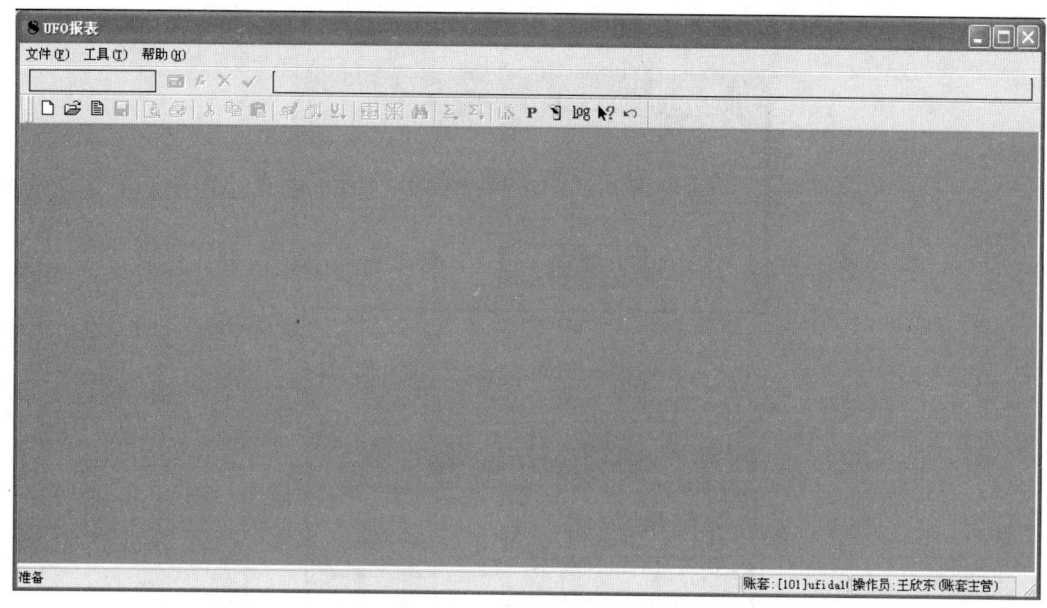

图6-4　UFO报表初始窗口

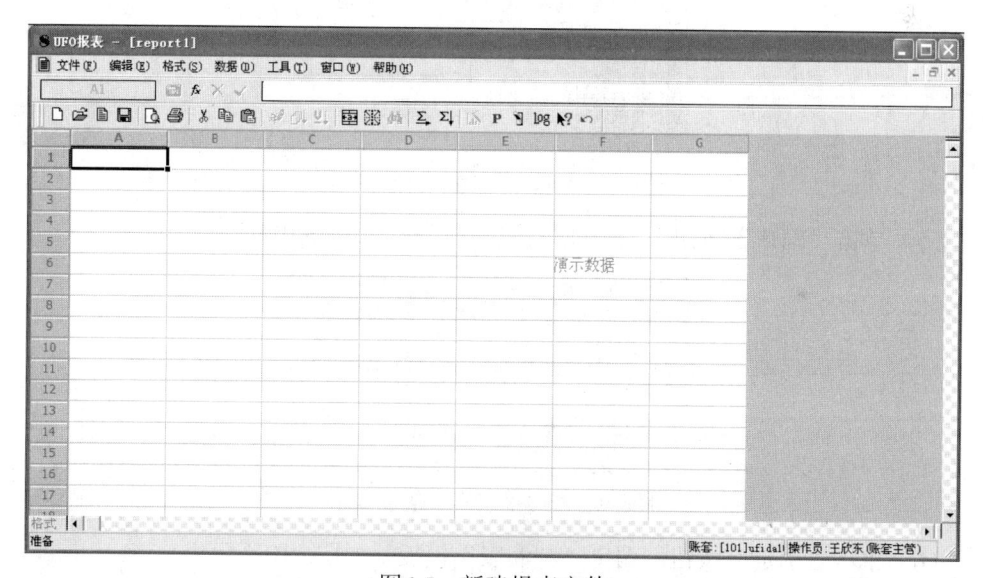

图6-5　新建报表文件

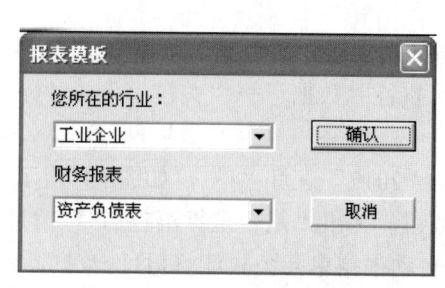

图6-6　报表模板

（4）按照题目要求，在"您所在的行业"选择"2007年新会计制度科目"，如图

6-7所示;在"财务报表"选择"利润表",如图6-8所示。

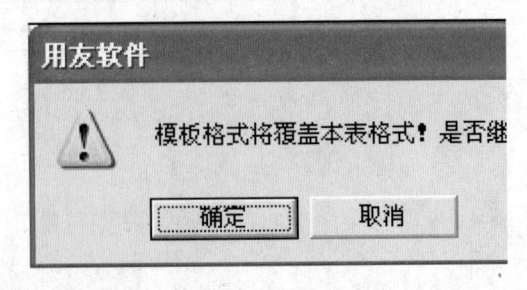

图6-7 选择行业"2007年新会计制度科目"

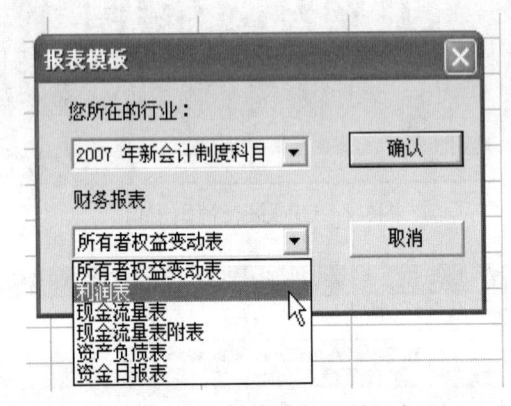

图6-8 选择财务报表"利润表"

(5) 单击"确认"按钮,系统弹出信息提示框,如图6-9所示。

图6-9 调用报表模板信息提示

(6) 单击"确定"按钮,调出"利润表"模板,如图6-10所示。

2. 录入关键字

(1) 单击左下角"格式"按钮,切换到"数据"状态。

(2) 在数据状态下,执行"数据"→"关键字"→"录入"命令,打开"录入关键字"对话框。

(3) 输入关键字:年"2017",月"1",如图6-11所示。

(4) 单击"确认"按钮,弹出"是否重算第1页?"信息提示框,如图6-12所示。单击"是"按钮,系统会自动根据单元公式计算1月份数据,完成后如图6-13所示。

图6-10 利润表模板表样

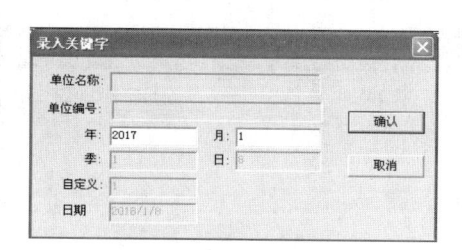

图6-11 录入关键字

图6-12 信息提示框

3．保存报表

（1）单击工具栏中的"保存"按钮，打开"另存为"对话框。

（2）选择指定路径，并按指定名称命名报表，如图6-14所示。

提示：报表文件以文档形式存在，并不存储于数据库中，因此，账套输出时是没有包含报表文件的。

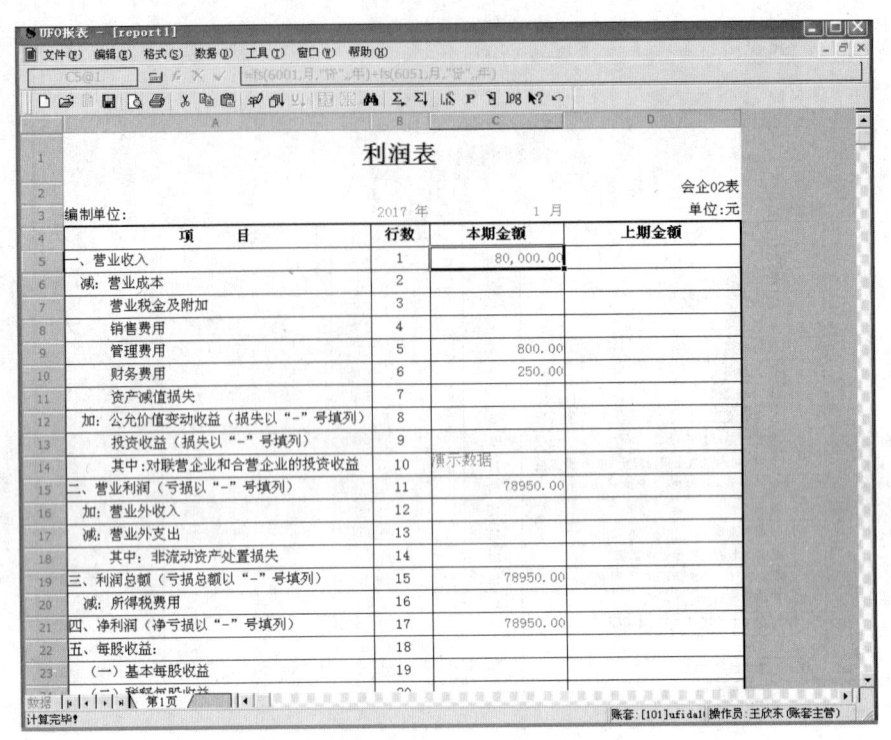

图6-13 生成利润表

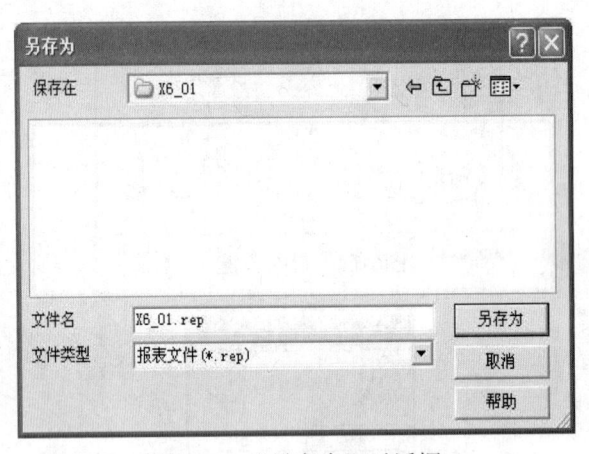

图6-14 "另存为"对话框

第7章　报表格式定义

UFO报表系统是报表处理的工具。利用UFO报表既可以编制对外报表，又可以编制各种内部报表。报表编制主要分为报表格式设计和报表数据处理。报表格式设计是指在计算机系统中建立一张报表中相对固定的部分，相当于在计算机中建立一个报表模板，供以后编制此类报表时调用。

本章主要内容
- 理解报表格式设计的内容
- 报表格式设计

评分细则

本章分值为13分，设8个评分点，评分点、分值、得分条件及判分要求如下。

序号	评分点	分值	得分条件	判分要求
1	启动UFO并定义表尺寸	1	正确定义表尺寸	表行与表列数正确
2	定义行高及列宽	1	正确定义行高及列宽	指定行高及列宽正确
3	区域画线	1	画线正确	指定区域画线正确
4	组合单元	1	正确组合单元	指定单元组合正确
5	定义关键字	2	关键字设置正确	关键字位置及内容正确
6	录入表样文字	1	正确录入表样文字	录入位置及内容正确
7	设置单元属性	2	正确设置单元属性	指定内容字体、字号正确
8	定义单元公式	4	正确定义单元公式	指定单元公式定义正确

本章导读

综上所述，我们明确了本章所要求掌握的技能考核点以及对应《试题汇编》单元的评分点、分值、得分条件和判分要求等。本章结构及逻辑框架为：

- 样题示范：展示《试题汇编》中的一道真题。
- 基本认知：概括介绍本章考核内容对应的U8子系统的主要功能。
- 技能解析：详细讲解本章中涉及到技能考核点和相关知识点。
- 样题解答：给出真题的详细操作指导。

7.1 样题示范

【练习目的】

从《试题汇编》中选取样题，了解本章题目类型，掌握本章重点技能点。

【样题来源】

《试题汇编》第7单元7.1题（随书光盘中提供了本样题的操作视频）。

【操作要求】

在考生文件夹下新建一个文件夹，命名为X7_01。

以系统管理员身份登录系统管理，引入C:\2016U8soft\Unit7文件夹下的账套文件Y7_01。

以1011操作员的身份（密码为011）登录101账套，登录日期为"2017-01-31"，完成管理费用明细表的定义。

管理费用明细表
2017年1月

	办公费	差旅费	通讯费	合计
总经办	*			*
财务部				
采购部				

1．启动UFO并定义表尺寸

（1）启动UFO报表系统。

（2）定义表尺寸为6行5列。

2．定义行高及列宽

（1）定义第1行行高为12mm。

（2）定义第2行至第6行行高为8mm。

（3）定义各列列宽为30mm。

3．区域画线

选择区域A3:E6，设置其画线类型为"网线"、样式为"—"。

4．组合单元

将单元A1:E1组合成一个单元。

5．定义关键字

（1）在C2单元中定义关键字"年"。

（2）在D2单元中定义关键字"月"。

6．录入表样文字

（1）在A1单元中录入"管理费用明细表"。

（2）在表体中按样表输入表内文字。

7．设置单元属性

将"管理费用明细表"设置字体为"宋体"、字型为"粗下划线"、字号为20、水平方向和垂直方向为居中。

8．定义单元公式

（1）设置B4单元公式

利用用友账务函数取总经办办公费本期发生额。

（2）设置E4单元公式

利用统计函数PTOTAL计算总经办本期费用合计。

9．保存报表

将管理费用明细表以"X7_01"命名并保存到"考生文件夹\X7_01"文件夹中。

7.2 基本认知

7.2.1 UFO报表基本功能

报表编制主要分为报表格式设计和报表数据处理。

1．报表格式设计

如果我们把一张报表拆分为相对固定的内容和相对变动的内容两部分，相对固定的内容包括报表的标题、表格部分、表中的项目、表中数据的来源等；相对变动的内容主要是报表中的数据。报表格式设计是指在计算机系统中建立一张报表中相对固定的部分，相当于在计算机中建立一个报表模板，供以后编制此类报表时调用。UFO报表系统提供了丰富的格式设计功能，包括设置报表行列数、定义组合单元、画表格线、定义报表关键字、设置公式等，如图7-1所示。

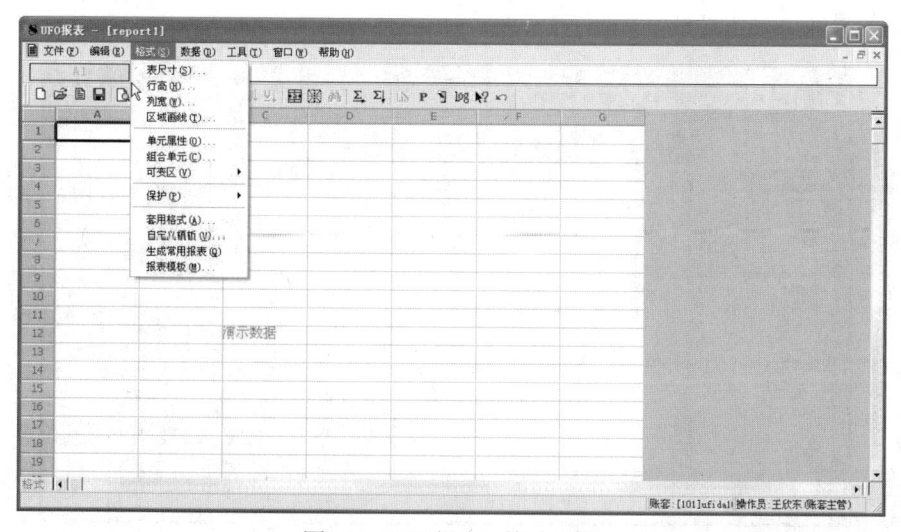

图7-1 UFO报表 - 格式设计

UFO系统中按照会计制度提供了不同行业的标准财务报表模板,简化了用户的报表格式设计工作。如果标准行业报表仍不能满足需要,系统还提供了自定义模板的功能。

2．报表数据处理

报表数据处理是根据预先设置的报表格式和报表公式进行数据采集、计算、汇总等,生成会计报表,如图7-2所示。除此以外,UFO系统还提供了排序、审核、舍位平衡、汇总等功能。

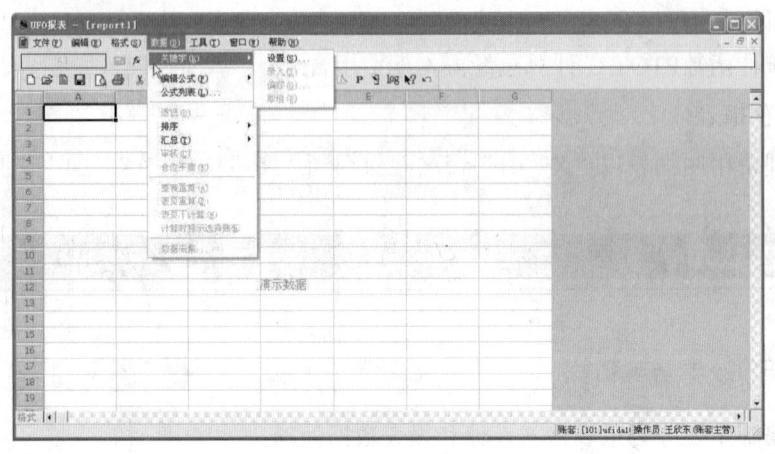

图7-2　UFO报表 - 数据处理

图表具有比数据报表直观的优势。UFO的图表处理功能能够方便地对报表数据进行图形组织,制作包括直方图、立体图、圆饼图、折线图等多种分析图表,并能编辑图表的位置、大小、标题、字体、颜色等,打印输出各种图表。

3．文件管理功能

利用文件管理功能可以方便地完成报表文件的创建、保存等一般文件管理功能；能够进行不同文件格式的转换,包括文本文件、*.MDB文件、Excel文件等；提供标准财务数据的导入、导出功能,如图7-3所示。

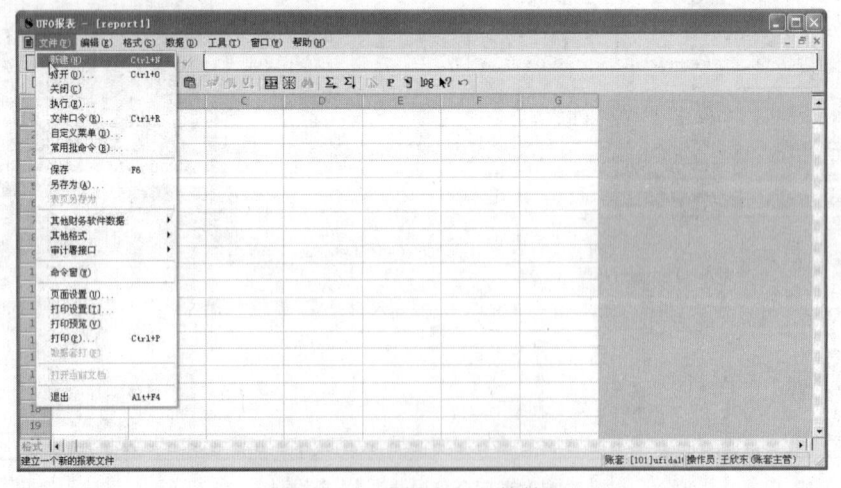

图7-3　UFO报表 - 文件管理

7.2.2 报表编制的工作流程

在UFO报表系统中，编制报表主要有两种方法。对于各企业标准的对外财务报告，一般调用系统预置的报表模板，微调后快速生成，利用报表模板编制报表在上一章中已经介绍。对于企业内部用的各种管理报表，需要自行完成报表定义。结合以上两种情况，编制报表的工作流程如图7-4所示。

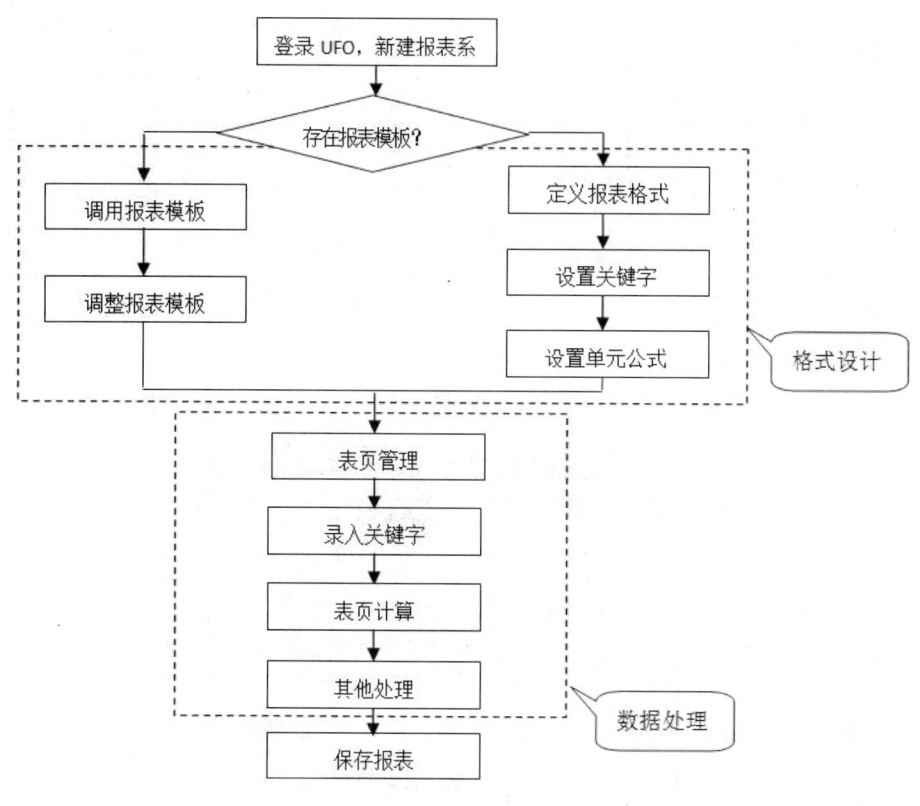

图7-4 编制报表的工作流程

7.2.3 报表格式设计

在格式状态下进行报表的格式设计，格式对整个报表都有效。包括以下操作：

（1）设置表尺寸：定义报表的大小即设定报表的行数和列数，如图7-5所示。

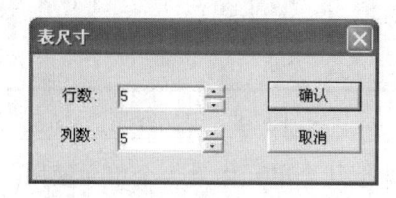

图7-5 表尺寸

（2）录入表内文字：包括表头、表体和表尾（关键字值除外），如图7-6所示。在格式状态下定义了单元内容的自动默认为表样型，定义为表样型的单元在数据状态下不允许修改和删除。

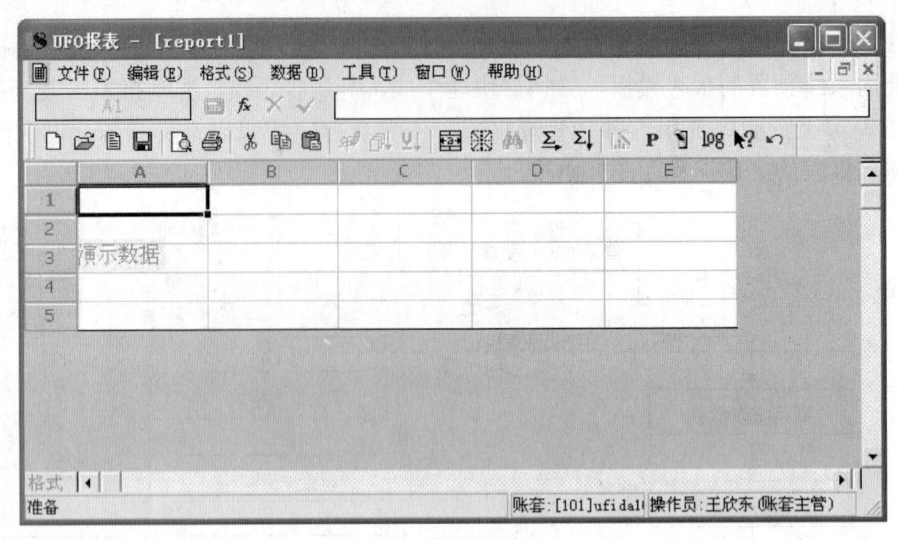

图7-6 录入表内文字

（3）确定关键字在表页上的位置，如单位名称、年、月等，如图7-7所示。

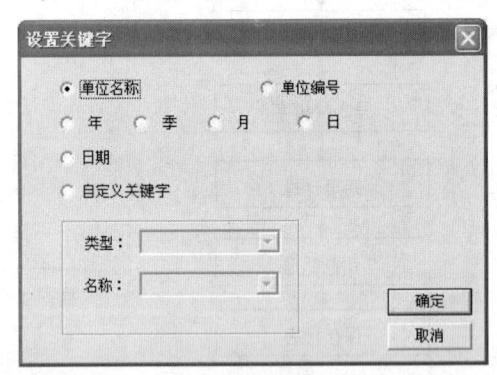

图7-7 设置关键字

（4）定义行高和列宽，如图7-8和图7-9所示。

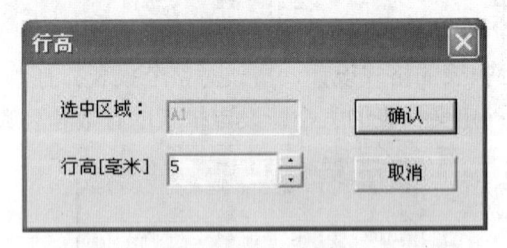

图7-8 定义行高

（5）定义组合单元：即把几个单元作为一个单元使用，如图7-10所示。
（6）设置单元风格：设置单元的字型、字体、字号、颜色、图案、折行显示等，如图7-11所示。

图7-9 定义列宽

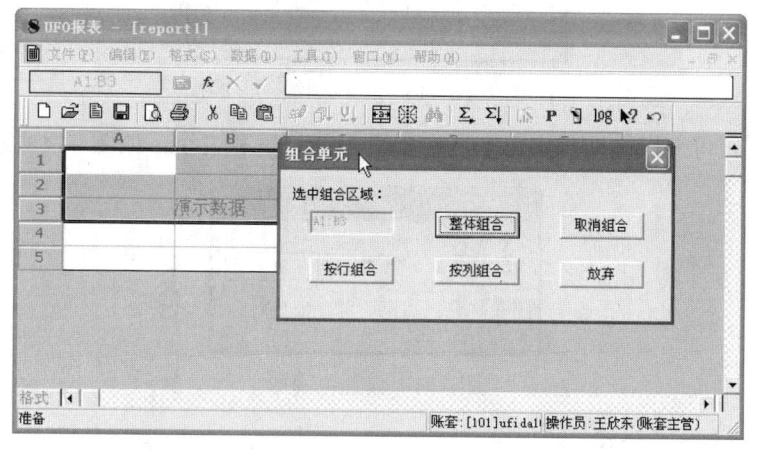

图7-10 组合单元

图7-11 设置单元风格

（7）设置单元属性：把需要输入数字的单元定为数值单元；把需要输入字符的单元定为字符单元，如图7-12所示。

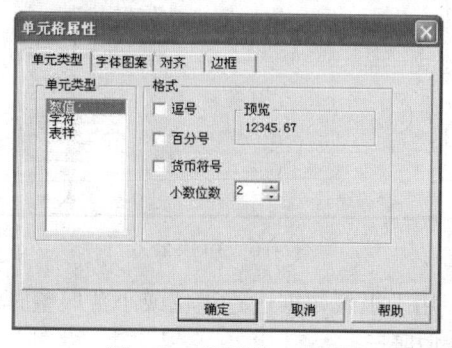

图7-12 设置单元属性

(8) 画表格线，如图7-13所示。

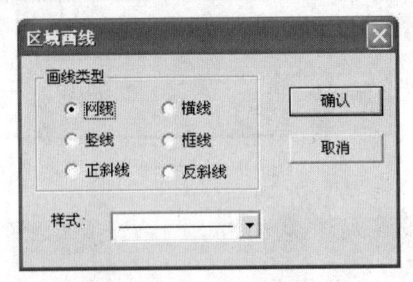

图7-13 区域画线

(9) 设置可变区：即确定可变区在表页上的位置和大小，如图7-14所示。

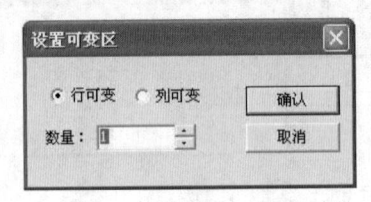

图7-14 设置可变区

(10) 定义各类公式。

公式的定义在格式状态下进行，计算公式定义了报表数据之间的运算关系，可以实现报表系统从其他子系统取数。在报表单元中键入"="就可直接定义计算公式，所以称为单元公式，如图7-15所示。

图7-15 定义公式

● 审核公式：用于审核报表内或报表之间的勾稽关系是否正确，如图7-16所示。

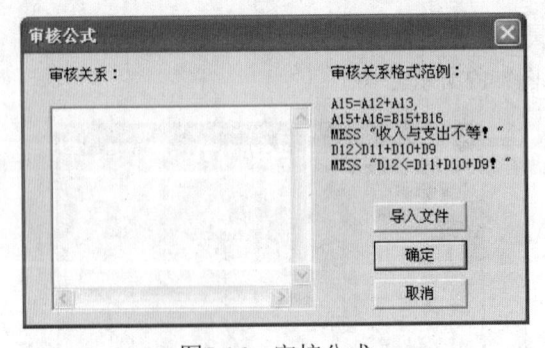

图7-16 审核公式

● 舍位平衡公式：用于报表数据进行进位或小数取整时调整数据，避免破坏原数据平衡，如图7-17所示。

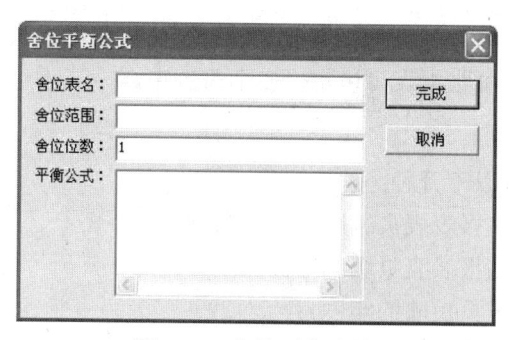

图7-17 舍位平衡公式

如果是对外常用报表，U8系统中预置了不同行业的报表模板，报表模板中已经完成了报表的格式设计工作。调用报表模板后，可以检查或者在原有模板的基础上稍作修改，免去了大量的公式定义工作。

7.3 技能解析

7.3.1 单元类型

在U8 UFO报表中，单元是组成报表的最小单位。单元名称由所在行、列标识。例如，C8表示第3列第8行的那个单元。单元类型有数值单元、字符单元、表样单元三种。

1．数值单元

用于存放报表的数据，在数据状态下输入。数值单元的内容可以直接输入或由单元中存放的单元公式运算生成。建立一个新表时，所有单元的类型默认为数值型。

2．表样单元

表样单元即是报表的格式。在格式状态下向空表中录入了文字、符号或数字的单元，将自动成为表样单元。一旦单元被定义为表样，那么在其中输入的内容对所有表页都有效。表样单元只能在格式状态下输入和修改。

3．字符单元

字符单元也是报表的数据。在格式状态下定义单元类型为"字符型"，在数据状态下输入字符单元的内容。字符单元的内容可以直接输入，也可由单元公式生成。

7.3.2 关键字

1．理解关键字

关键字是游离于单元之外的特殊数据单元，可以唯一标识一个表页，用于在大量表页中快速选择表页。例如：一个资产负债表的表文件可以存放一年12个月的资产负债表（甚至多年的多张表），当要对某一张表页的数据进行定位，就需要设定一些定位标志,这些定位标志就被称为关键字。关键字的显示位置在格式状态下设置,关键字的值则在数据状态下录入,每张报表可以定义多个关键字。

2. U8中的关键字

通常关键字可以有以下几种:

(1)单位名称:该报表表页编制单位的名称。

(2)单位编号:该报表表页编制单位的编号。

(3)年:该报表表页反映的年度。

(4)季:该报表表页反映的季度。

(5)月:该报表表页反映的月份。

(6)日:该报表表页反映的日期。

除了以上常见的关键字之外,系统通常还会提供一个自定义关键字功能,方便用户灵活定义并运用这些关键字。

3. 关键字的识别

那么如何识别关键字呢？前面已经讲到,关键字是游离于单元之外的特殊数据单元,用来唯一定位一个表页,是编制报表时从总账系统提取数据的关键标记。定义完成的关键字在单元中显示数量不等的红色的"XXXX"。但是如果在单元中直接输入红色字体的"XXXX",是否能判断出是不是关键字呢？

答案是肯定的,有两种方法可以验证。第一,既然关键字不属于单元格,那么当把鼠标定位到显示红色字体的单元时,在编辑栏中是不显示任何内容的。第二,如果用键盘上的Del键清除,真正的关键字信息也是清除不掉的。

7.3.3 报表公式设置

由于各种报表之间存在着密切的数据间的逻辑关系,所以,报表中各种数据的采集、运算和勾稽关系的检测就用到了不同的公式。主要有计算公式、审核公式和舍位平衡公式。本教程重点介绍计算公式。

计算公式的作用是从其他子系统的账簿文件中或者本表其他表页中或者其他报表中采集数据,直接填入表中相应的单元或经过简单计算填入相应的单元。因此,通常报表系统会内置一整套从各种数据文件中调取数据的函数。不同的报表软件函数的具体表示方法不同,但这些函数所提供的功能和使用方法一般是相同的。通过计算公式来组织报表数据,既经济又省事,大大简化了大量重复、复杂的劳动。合理地设计计算公式能大大地节约劳动时间,提高工作效率。计算公式可以直接定义在报表单元中。这样的公式称为"单元公式"。

1. 常用账务函数

常用账务函数列示于表7-1。

表7-1　常用账务函数

分类	函数名	含义及用法示例
金额函数	QC期初余额	取指定会计科目的期初余额
	QM期余余额	取指定会计科目的期末余额
	FS发生额	取指定会计科目的发生额
	LFS累计发生额	取某科目从年初至今累计发生额
	DFS对方发生额	DFS(1405,6401,月,d)提取凭证中贷方为1405科目且借方为6401科目的当月贷方发生额
	JE净发生额	JE（1001,月）计算库存现金科目当月净发生额
	TFS条件发生额	TFS(22210101,月,j,"固定资产","=")提取进项税额科目22210101摘要中包含固定资产的当月借方发生额
数量函数	在金额函数的前面加"S"表示数量，如SQC表示取科目的数量期初余额	
外币函数	在金额函数的前面加"W"表示外币，如WQC表示取科目的外币期初余额	
现金流量函数	XJLL现金流量	提取现金流量项目特定会计期间或指定日期范围的发生额

2．统计函数

常用统计函数列示于表7-2。

表7-2　常用统计函数

函数名	含义及用法示例
PTOTAL	指定区域内所有满足区域筛选条件的固定区单元的合计
TOTAL	符合页面筛选条件的所有页面的区域内各单元值的合计
PAVG	指定区域内所有满足区域筛选条件的固定区单元的平均值
PMAX	指定区域内所有满足区域筛选条件的固定区单元中最大的单元的数值
PMIN	指定区域内所有满足区域筛选条件的固定区单元中最小的单元的数值

3．**本表他页取数函数**

本表他页取数是指要取数的表（目的表）和存放数据来源的表（源表）之间是一个文件的不同表页。本表他页取数主要有两种情况：取确定页号表页的数据或按一定关键字取数。

（1）取确定页号表页的数据

当所取数据所在的表页页号已知时，用以下格式可以方便地取得本表他页的数据：

<目标区域>＝<数据源区域>@<页号>

如：B2=C5@1的含义为各页B2单元取当前表第1页C5单元的值。

（2）按一定关键字取数

可用SELECT函数按一定关键字从本表他页取得数据。

如：D=C+SELECT(D,年@=年and 月@=月+1)，表示当前表的D列等于当前表的C列加上同年上个月D列的值。

SELECT函数中，@前的年和月代表目的表的年关键字值和月关键字值；@后面的年和月代表源表的年关键字值和月关键字值。

4. 他表取数函数

他表取数是指目的表和源表不在一个表文件中。同样，他表取数也主要有两种情况：取确定页号表页的数据或按一定关键字取数。

（1）取他表确定页号表页的数据

当所取数据所在的表页页号已知时，用以下格式可以方便地取得他表的数据：

<目标区域> = "<他表表名>"-><数据源区域>[@ <页号>]

如：B2="LRB"->C5@1的含义为各页B2单元取LRB第1页C5单元的值。

（2）按一定关键字取数

当从他表取数时，已知条件并不是页号，而是希望按照年、月、日等关键字的对应关系来取他表数据，就必须用到关联条件。

RELATION <单元 | 关键字 | 变量 | 常量> WITH "<他表表名>"-> <单元 | 关键字 | 变量 | 常量>

如：A1="FYB"->A1 FOR ALL RELATION 月 WITH "FYB"->月，意为取FYB表的与当前表页月相同的月的A1单元的值。

UFO允许在报表中的每个数值型、字符型的单元内，写入代表一定运算关系的公式，用来建立表内各单元之间、报表与报表之间或报表系统与其他子系统之间的运算关系，描述这些运算关系的表达式，我们称之为单元公式。为了规范和简化单元公式的定义过程，一般报表系统会提供公式向导，一步步引导公式的建立过程。

7.4 样题示范

进行以下操作之前，已经由系统管理员引入账套文件Y7_01，且以1011操作员身份登录101账套企业应用平台。

1. 定义表尺寸

（1）在企业应用平台业务工作中，执行"财务会计"→"UFO报表"命令，进入"UFO报表"窗口，如图7-18所示。

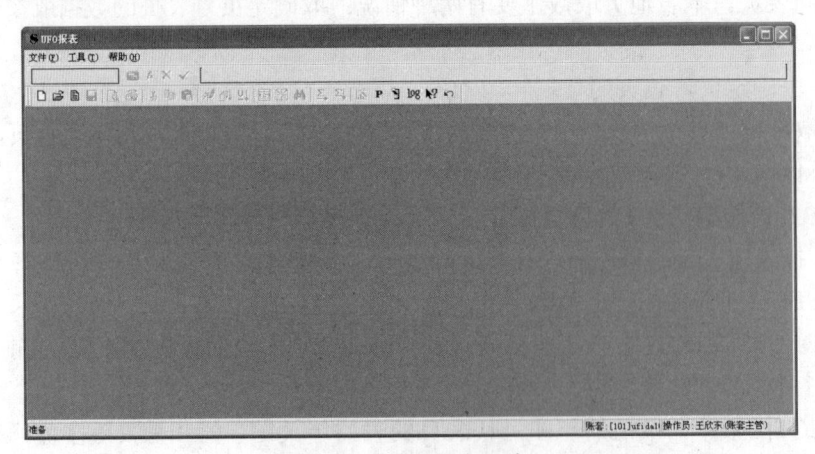

图7-18 "UFO报表"窗口

（2）执行"文件"→"新建"命令，建立一张空白报表，报表名默认为"report1"，如图7-19所示。查看空白报表底部左下角的"格式/数据"按钮，使当前状态为"格式"状态。

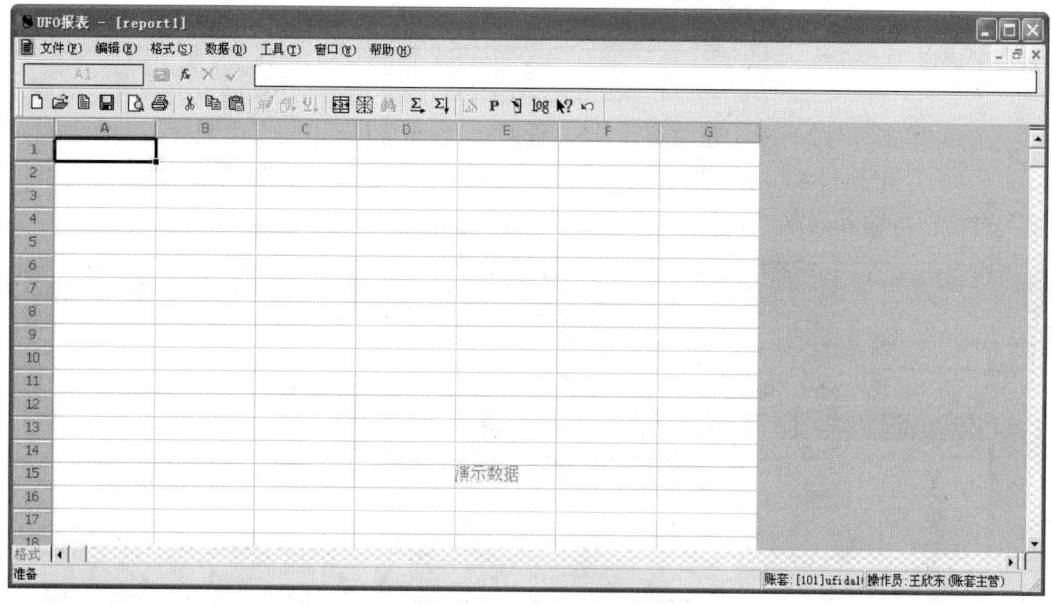

图7-19　新建空白报表

（3）执行"格式"→"表尺寸"命令，打开"表尺寸"对话框。输入行数"6"、列数"5"，如图7-20所示。

（4）单击"确认"按钮。窗口中只显示6行×5列的区域，其他为灰色。

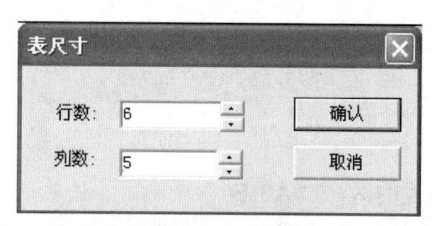

图7-20　定义表尺寸

提示：
- 报表的行数应包括报表的表头、表体和表尾。

2．定义行高及列宽

（1）单击行号1，选中第1行。执行"格式"→"行高"命令，打开"行高"对话框。

（2）在"行高"文本框中输入"12"，如图7-21所示。单击"确认"按钮，第1行行高将显示为12。

图7-21 定义行高

(3) 单击行号2，按住拖动到行号6，选中第2行至第6行，同上设置行高为8mm。

(4) 单击列号A，按住拖动到列号E，执行"格式"→"列宽"命令，打开"列宽"对话框，输入列宽"30"，如图7-22所示，单击"确认"按钮。

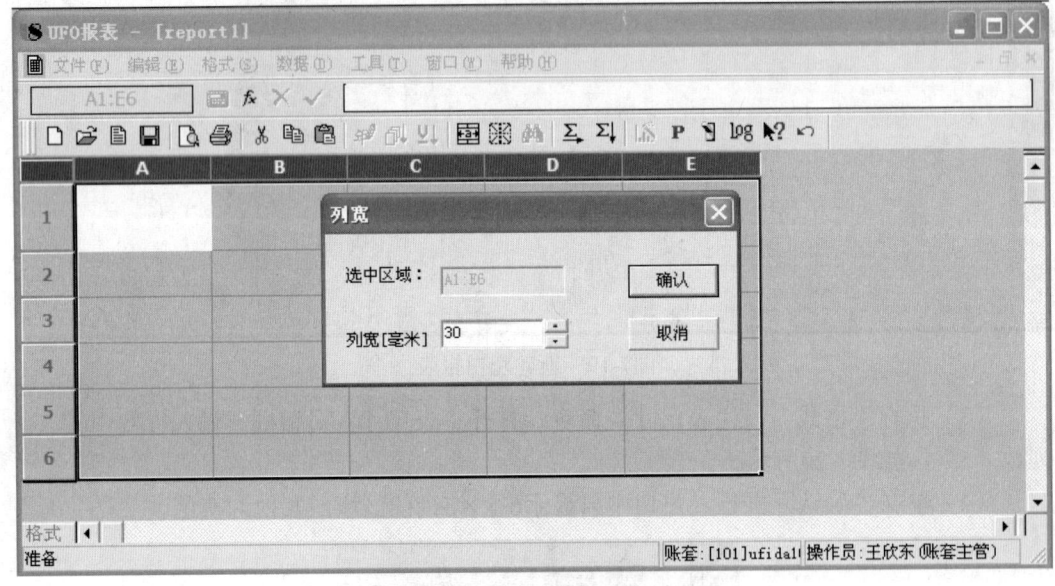

图7-22 定义列宽

3．区域画线

(1) 选中报表需要画线的区域"A3:E6"。

(2) 执行"格式"→"区域画线"命令，打开"区域画线"对话框。

(3) 选中"网线"，如图7-23所示，单击"确认"按钮，将所选区域画上网格线。

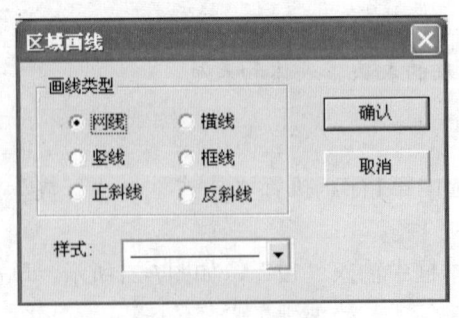

图7-23 区域画线

4．定义组合单元

（1）单击行号1，选中需合并的区域"A1:E1"。

（2）执行"格式"→"组合单元"命令，打开"组合单元"对话框，如图7-24所示。

（3）单击"整体组合"或"按行组合"按钮，该单元即合并成一个单元格。

图7-24　组合单元

5．定义关键字

（1）选中需要输入关键字的单元"C2"。

（2）执行"数据"→"关键字"→"设置"命令，打开"设置关键字"对话框。

（3）选中"年"单选按钮，如图7-25所示，单击"确定"按钮。设置完成后，在C2单元将显示红色的"××××年"，但编辑栏中显示为"空"。

（4）同样操作，在D2单元中设置"月"关键字。

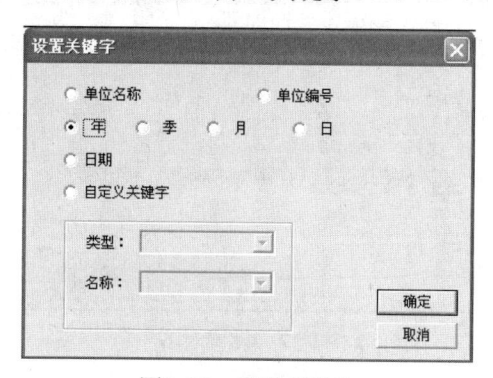

图7-25　设置关键字

6．录入表样文字

（1）选中A1单元，输入"管理费用明细表"。

（2）在表体中按样表输入表内文字。

提示：
- 报表项目指报表的文字内容，主要包括表头内容、表体项目、表尾项目等，不包括关键字。
- 日期一般不作为文字内容输入，而是需要设置为关键字。

7．设置单元属性

（1）选中标题所在组合单元"A1"。

（2）执行"格式"→"单元属性"命令，打开"单元格属性"对话框。

（3）单击"字体图案"选项卡，选择字体"宋体"、字型"粗下划线"、字号"20"，在预览中可以看到设置完成的效果。如图7-26所示。

图7-26 设置字体

（4）单击"对齐"选项卡，设置对齐方式，水平方向"居中"、垂直方向"居中"，如图7-27所示。单击"确定"按钮。

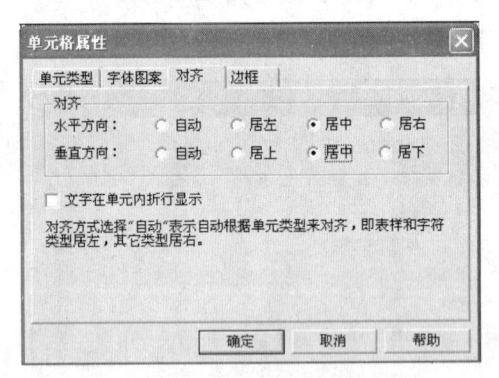

图7-27 设置对齐

8．定义单元公式

（1）设置B4单元公式。

①选中需要定义公式的单元"B4"，即总经办"办公费"。

②单击"fx"按钮或执行"数据"→"编辑公式"→"单元公式"命令，打开"定义公式"对话框，如图7-28所示。

图7-28 "定义公式"对话框

③单击"函数向导"按钮，打开"函数向导"对话框。在"函数分类"列表框中

选择"用友账务函数",在右边的"函数名"列表中选择"发生(FS)",如图7-29所示。

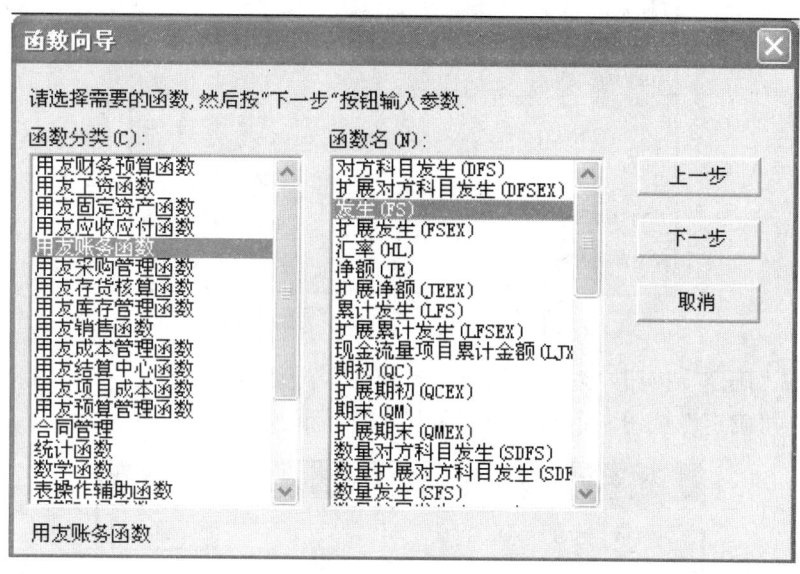

图7-29 函数向导-选择用友账务函数

> 提示：
> - 用友账务函数表示从总账子系统中取数。
> - UFO报表除了可以从总账系统取数,还可以从其他子系统中获取数据。

④单击"下一步"按钮,打开"用友账务函数"对话框,如图7-30所示。

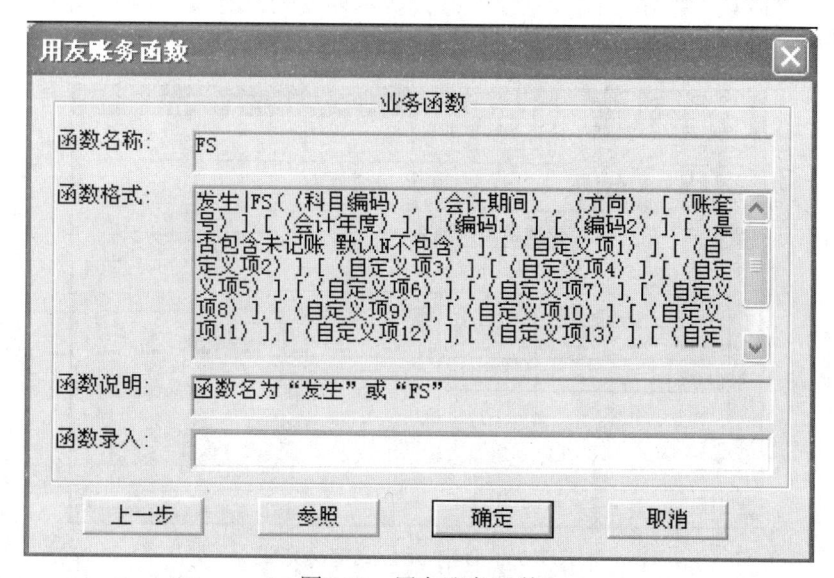

图7-30 用友账务函数

⑤单击"参照"按钮,打开"账务函数"对话框。选择科目"660201"、部门编码"总经办",其余各项均采用系统默认值,如图7-31所示。

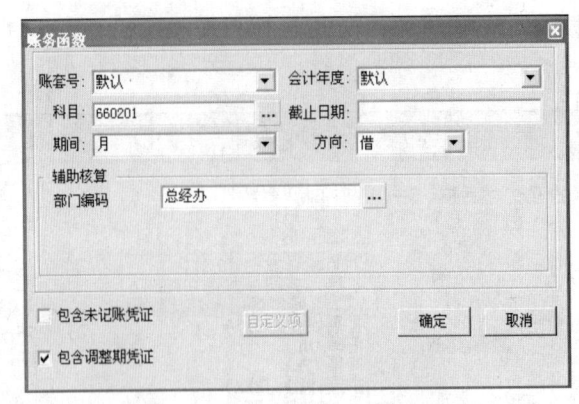

图7-31　定义单元公式 - 引导输入公式

⑥单击"确定"按钮，返回"用友账务函数"对话框。
⑦单击"确定"按钮，返回"定义公式"对话框，如图7-32所示。

图7-32　"定义公式"对话框

提示：一般来说，账务函数中的账套号和会计年度不需要输入，保持系统默认。待输入关键字值时，系统会自动替换。

⑧单击"确认"按钮，完成总经办办公费本期发生额定义。B4单元中显示"公式单元字样"，B4单元中的公式在窗口上方的编辑栏中显示，如图7-33所示。

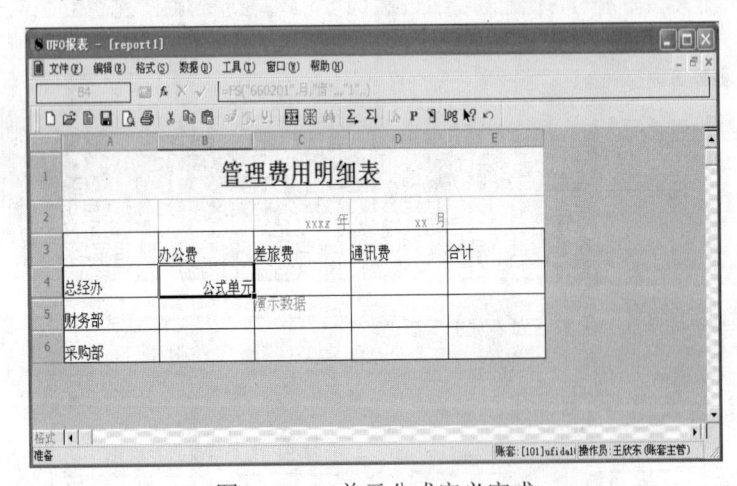

图7-33　B4单元公式定义完成

（2）设置E4单元公式
①选中需要定义公式的单元"E4"。单击"fx"按钮，打开"定义公式"对话框。

②单击"函数向导"按钮，打开"函数向导"对话框。

③在"函数分类"列表框中选择"统计函数"，在右边的"函数名"列表中选择"PTOTAL"，如图7-34所示。

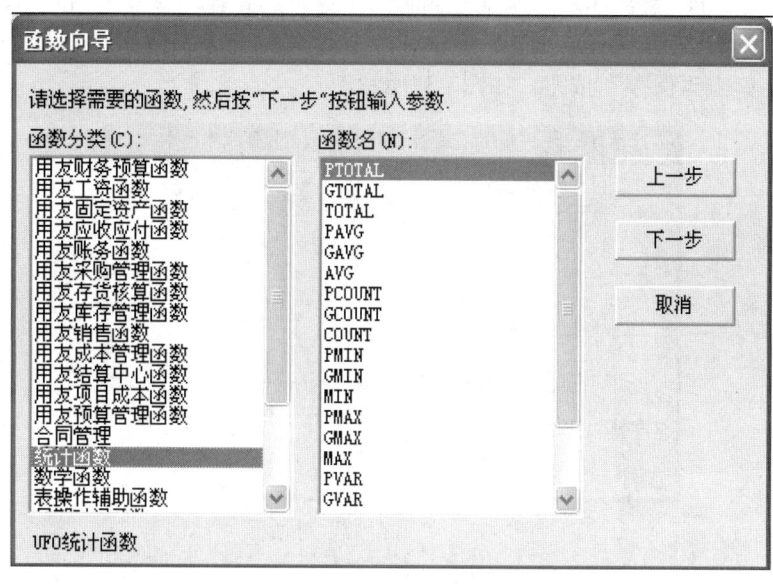

图7-34 选择统计函数PTOTAL

④单击"下一步"按钮，打开"固定区统计函数"对话框。在"固定区区域"文本框中输入"B4:F4"，如图7-35所示。

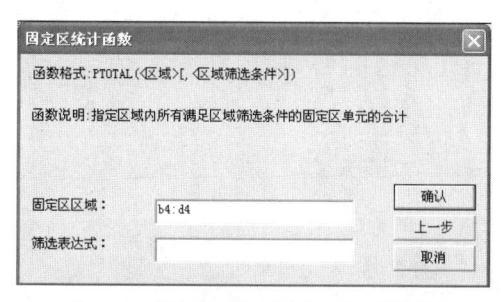

图7-35 统计函数 - 输入固定区区域

提示：
- 固定区区域范围录入时不区分大小写字母。
- 公式中用到的标点符号必须为半角状态的英文标点符号。

⑤单击"确认"按钮返回"定义公式"对话框，如图7-36所示。

图7-36 统计函数定义完成

⑥单击"确认"按钮返回。

9．保存报表

①执行"文件"→"保存"命令。如果是第一次保存，则打开"另存为"对话框。

②选择保存文件夹的目录，输入报表文件名"X7_01"，选择保存类型"*.REP"，单击"保存"按钮，如图7-37所示。

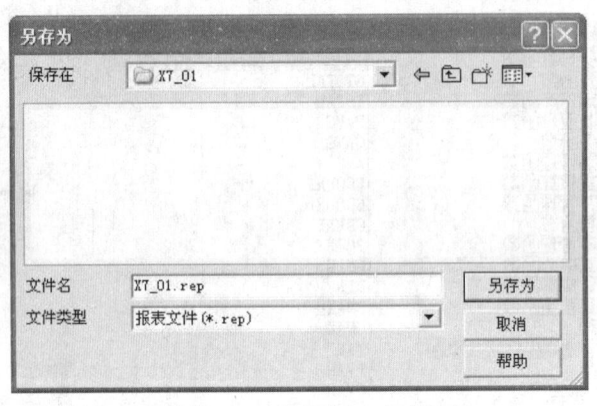

图7-37　"另存为"对话框

提示：
- UFO报表文件并不存储在数据库中，保存时需要指定在硬盘上的存放位置。
- UFO报表文件只能在U8中进行编辑。

第8章 报表数据处理

报表格式设计完成后，只是完成了报表中相对固定的部分的设计，对一张报表来说，格式设计工作是一次性的。而每个月必须经过报表数据处理，才能生成完整的企业财务报表。

本章主要内容
- 理解报表数据处理的内容
- 报表数据处理

评分细则

本章分值为4分，设2个评分点，评分点、分值、得分条件及判分要求如下。

序号	评分点	分值	得分条件	判分要求
1	打开报表文件	1	正确打开指定报表文件	打开的报表文件正确
2	录入关键字，生成报表	3	正确录入关键字内容	在数据状态下录入正确

本章导读

综上所述，我们明确了本章所要求掌握的技能考核点以及对应《试题汇编》单元的评分点、分值、得分条件和判分要求等。本章结构及逻辑框架为：
- 样题示范：展示《试题汇编》中的一道真题。
- 基本认知：概括介绍本章考核内容对应的U8子系统的主要功能。
- 技能解析：详细讲解本章中涉及到技能考核点和相关知识点。
- 样题解答：给出真题的详细操作指导。

8.1 样题示范

【练习目的】

从《试题汇编》中选取样题，了解本章题目类型，掌握本章重点技能点。

【样题来源】

《试题汇编》第8单元8.1题（随书光盘中提供了本样题的操作视频）。

【操作要求】

在考生文件夹下新建一个文件夹，命名为X8_01。将C:\2016U8soft\Unit8文件夹下的报表文件Y8_01复制到考生文件夹中，并重命名为X8_01。

以系统管理员身份登录系统管理，引入C:\2016U8soft\Unit8文件夹下的账套文件

Y8_01。

1．打开报表文件

以1011操作员的身份（密码为011）登录101账套，登录日期为"2017-01-31"，打开考生文件夹下的X8_01。

2．录入关键字，生成报表

（1）录入关键字

年：2017；月：1。

（2）生成如图8-1所示的报表

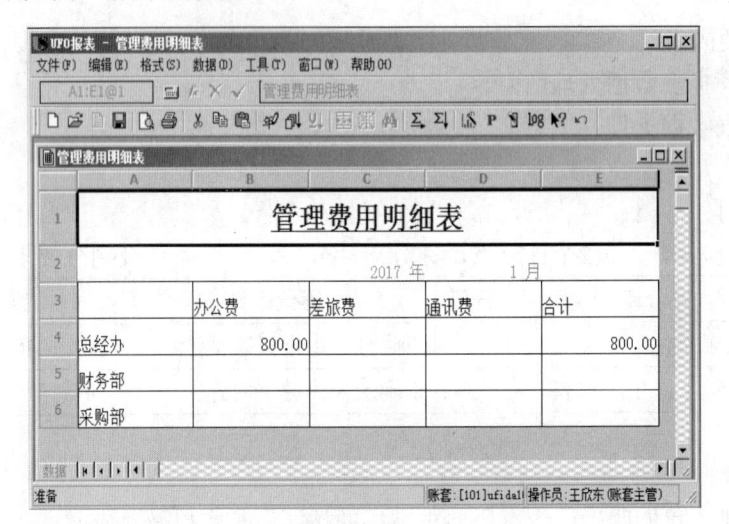

图8-1　管理费用明细表

3．保存报表

将报表X8_01保存到"考生文件夹\X8_01"文件夹中。

8.2　基本认知

报表数据处理主要包括生成报表数据、审核报表数据和舍位平衡等工作。数据处理工作必须在数据状态下进行。报表数据处理的程序及内容如下：

报表数据处理时计算机会根据已定义的单元公式、审核公式和舍位平衡公式自动进行取数、审核及舍位等操作。

8.2.1　表页管理

在U8中，每个报表文件中可以存放多个表页，每个表页用于存放不同会计期间的数据，同一报表文件中每个表页的格式均相同。报表数据处理一般是针对某一特定表页进行的，因此在进行数据处理时还涉及到对表页的操作，如增加、删除、插入、追加表页等，如图8-2所示。

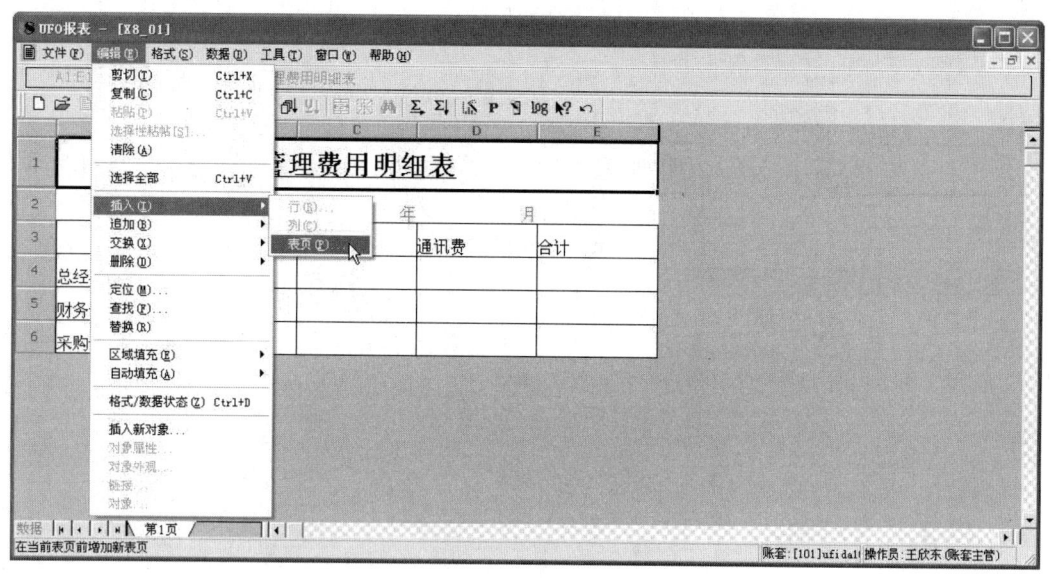

图8-2 表页管理

8.2.2 数据计算

1．录入关键字

关键字是确定U8系统从何处取得报表数据的唯一指引。关键字在格式状态下定义，在数据状态下需要输入关键字值，如图8-3所示。关键字一旦录入，系统会自动从机内账簿中读取数据，生成报表。

图8-3 录入关键字

2．输入基本数据

报表中某些单元的数据如果每月不同，且无需从账务系统获取，只需输入即可。那么在生成报表之前，可以人工录入。

3．表页重算

在完成关键字录入和其他基本数据录入后，可以执行"表页重算"命令，更新计算结果，如图8-4和图8-5所示。

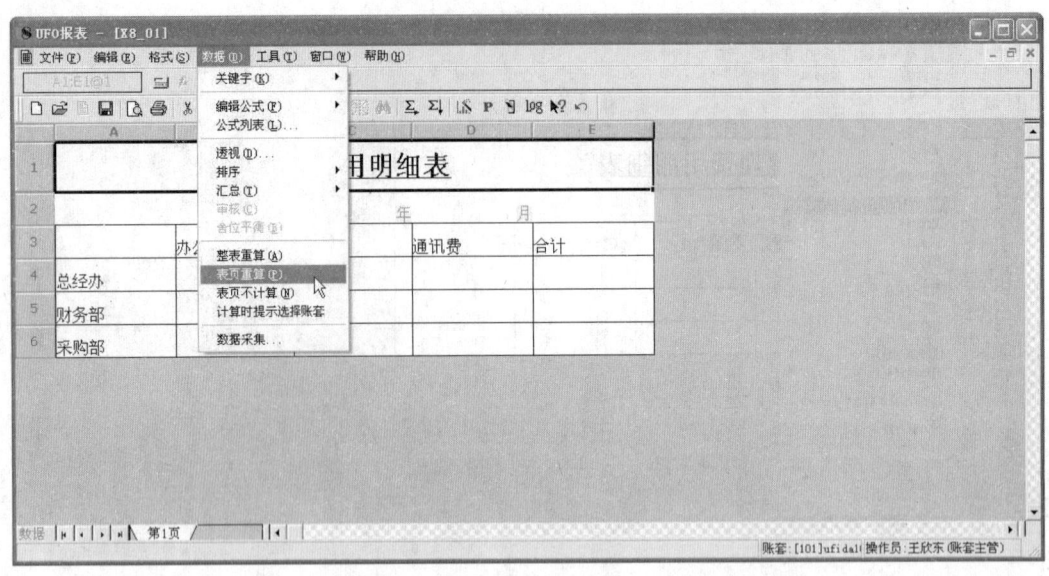

图8-4 执行"表页重算"命令

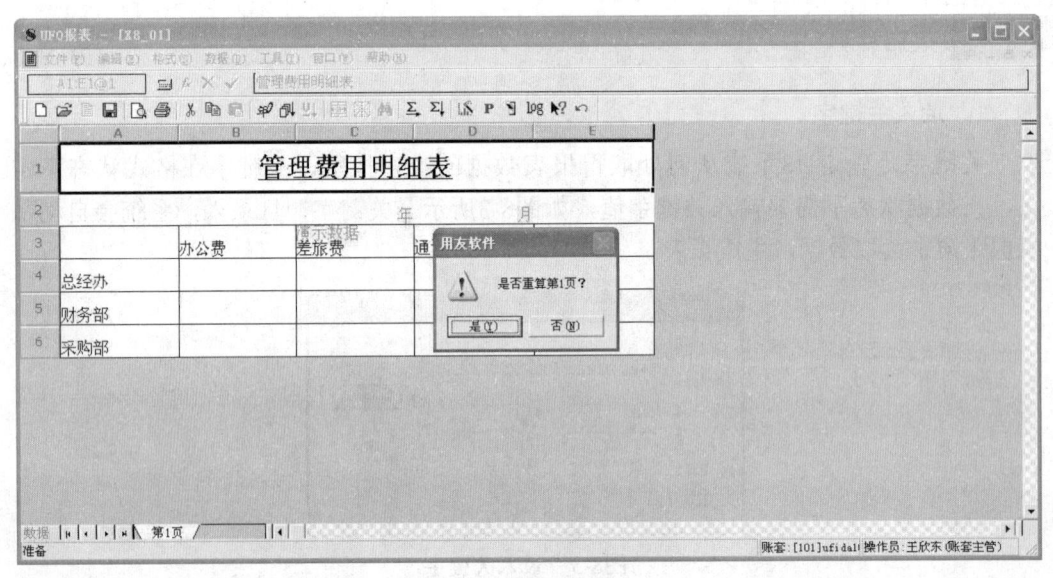

图8-5 信息提示框

8.2.3 报表审核

如果针对报表设置了审核公式，系统将按照审核公式中设定的逻辑关系进行检查，如图8-6所示。如果不满足，系统将弹出审核公式中预先设定的提示信息，用户需重新检查报表公式定义及审核公式中设定的逻辑关系是否正确，之后重新审核，直至通过。

第8章 报表数据处理

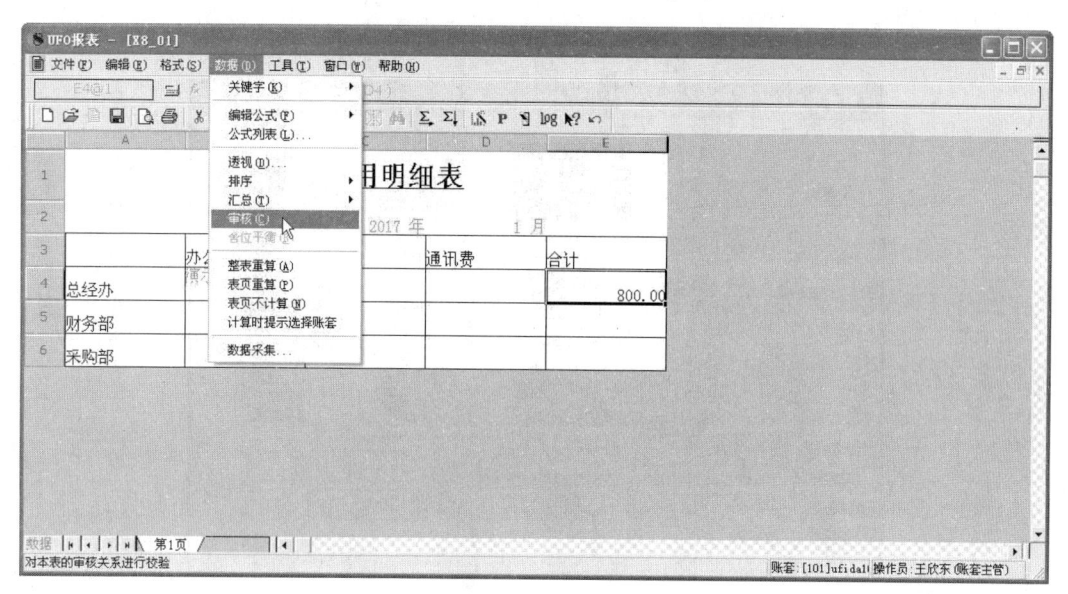

图8-6 报表审核

8.2.4 舍位平衡

如果有必要进行舍位平衡处理，可以执行"舍位平衡"命令，生成舍位表，如图8-7所示。

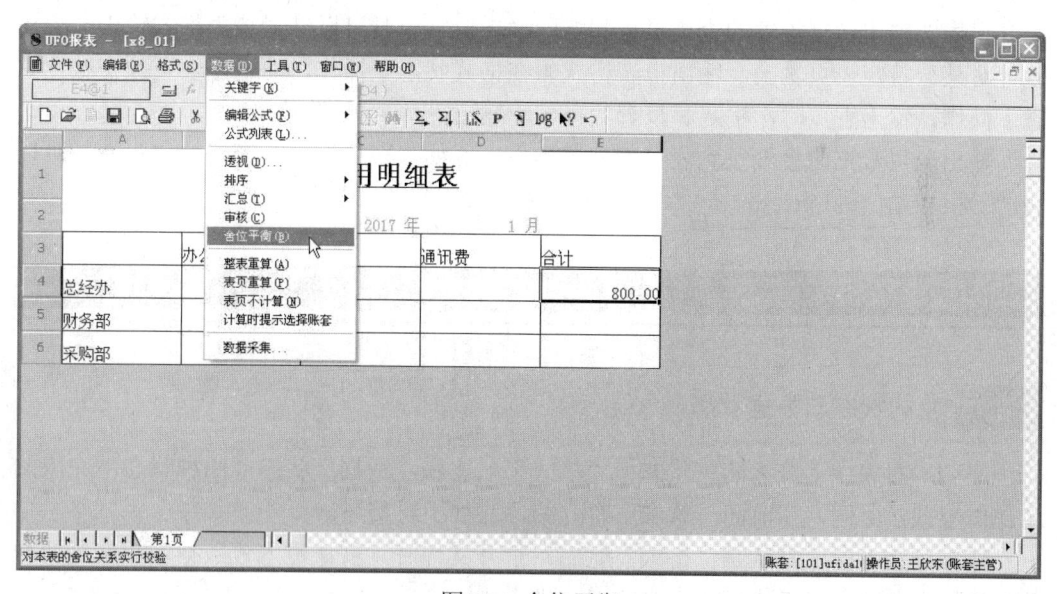

图8-7 舍位平衡

8.2.5 图形处理

报表数据生成之后，为了对报表数据进行直观的分析和了解，方便对数据的对比、趋势和结构分析，可以利用图形对数据进行直观显示。UFO图表格式提供了直方图、圆饼图、折线图、面积图4大类共10种格式的图表，如图8-8所示。

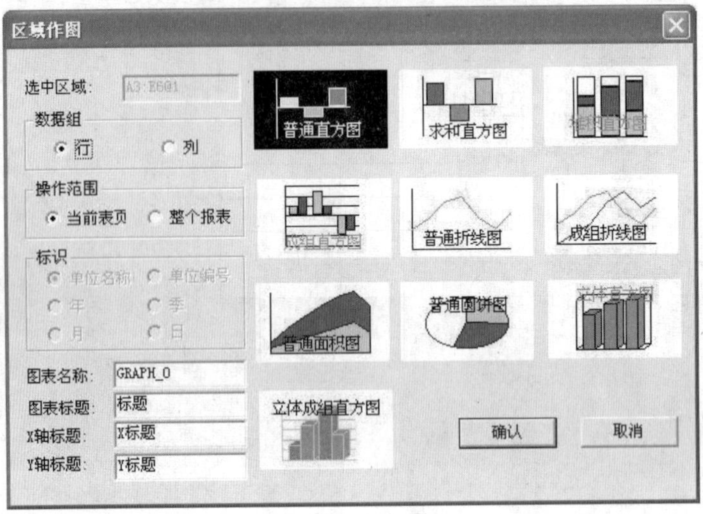

图8-8　UFO图表

图表是利用报表文件中的数据生成的，图表与报表数据存在着密切的联系，报表数据发生变化时，图表也随之变化，报表数据删除后，图表也随之不再存在。

8.2.6　报表输出

报表的输出包括报表的查询显示和打印输出，输出时可以针对报表格式输出，也可以针对某一特定表页输出。输出报表格式须在格式状态下操作，而输出表页须在数据状态下操作，输出表页时，格式和报表数据一起输出。

输出表页数据时会涉及到表页的相关操作，例如，表页排序、查找、透视等。可以将UFO报表输出为Excel格式，以便于进行图形分析或数据分析。

8.3　技能解析

8.3.1　格式状态与数据状态

在UFO报表中，分为两种状态："格式"状态和"数据"状态，两种状态下完成的工作内容截然不同，在前面一章中已有介绍，此处不再赘述。

建立新文件时，默认是"格式"状态。打开文件时，默认进入"数据"状态。两种状态由界面左下角"格式/数据"按钮完成切换。

8.3.2　生成报表

在格式设计中已经定义了单元公式，生成报表前需要确保处于"数据"状态，录入关键字，由系统按照关键字的指引从对应的账簿中提取数据，完成计算。

根据单元公式生成的数据不能修改和删除。

8.4 样题示范

进行以下操作之前，已经由系统管理员引入账套文件Y8_01，且以1011操作员身份登录101账套企业应用平台。

1．打开报表

（1）启动UFO系统，如图8-9所示，单击"打开"文件按钮或执行"文件"→"打开"命令，打开"打开"对话框，如图8-10所示。

图8-9　UFO系统

图8-10　"打开"对话框

（2）选择存放报表格式的文件夹中的报表文件"X8_01.rep"，单击"打开"按钮。报表左下角当前状态为"数据"状态，如图8-11所示。

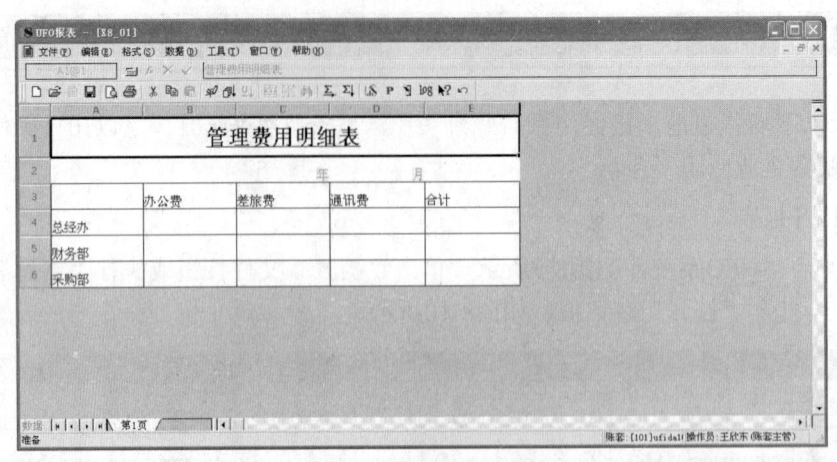

图8-11 数据状态

> 提示：报表数据处理必须在"数据"状态下进行。

2. 输入关键字值

（1）执行"数据"→"关键字"→"录入"命令，打开"录入关键字"对话框。

（2）输入年"2017"、月"1"，如图8-12所示。

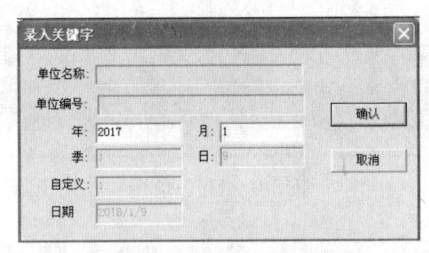

图8-12 录入关键字

（3）单击"确认"按钮，系统弹出"是否重算第1页？"信息提示框，如图8-13所示。

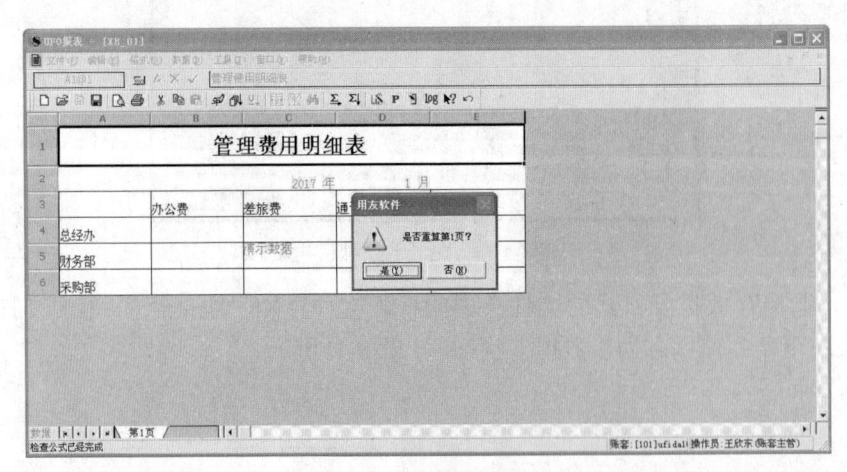

图8-13 信息提示框

（4）单击"是"按钮，系统会自动根据单元公式计算1月份数据，生成数据如图8-14所示。

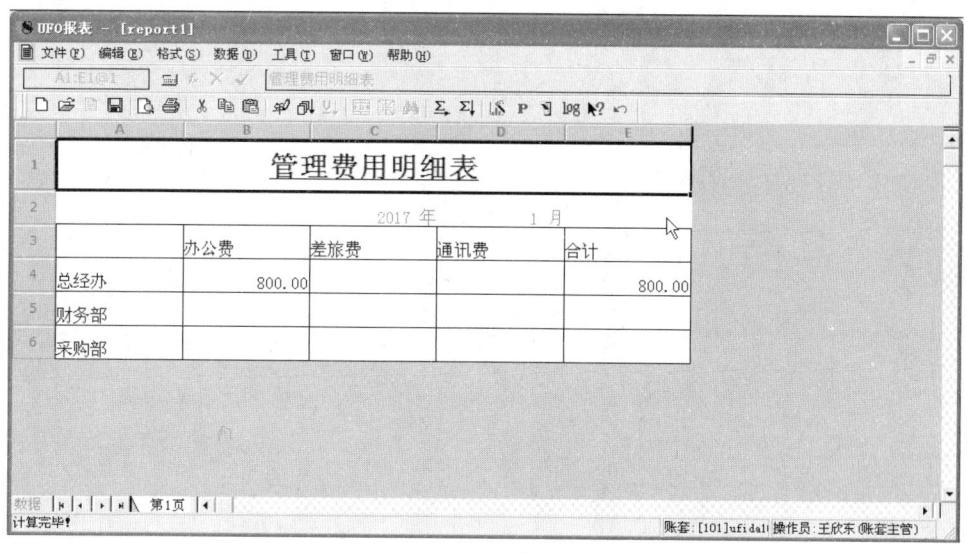

图8-14　生成报表

🏷️ 提示：

- 如果单击"否"按钮，系统不计算1月份数据，以后可利用"表页重算"功能生成1月份数据。
- 每一张表页均对应不同的关键字值，输出时随同单元一起显示。
- 日期关键字可以确认报表数据取数的时间范围，即确定数据生成的具体日期。

3．保存报表

将报表按指定的名称保存到指定位置，如图8-15所示。

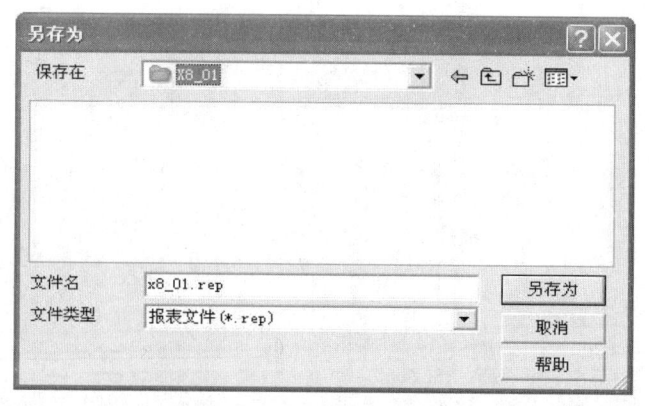

图8-15　"另存为"对话框